本书受安徽财经大学专著出版基金和国家
（批准号：16CH172）安徽财经大学配套

高莉莉 著

中国文化消费水平提升问题研究

中国财经出版传媒集团

经济科学出版社
Economic Science Press

图书在版编目（CIP）数据

中国文化消费水平提升问题研究/高莉莉著．—北京：
经济科学出版社，2019.8
ISBN 978 - 7 - 5218 - 0740 - 0

Ⅰ.①中… Ⅱ.①高… Ⅲ.①文化生活 - 消费 -
研究 - 中国 Ⅳ.①G124

中国版本图书馆 CIP 数据核字（2019）第 167670 号

责任编辑：刘怡斐
责任校对：靳玉环
责任印制：邱　天

中国文化消费水平提升问题研究

高莉莉　著

经济科学出版社出版、发行　新华书店经销
社址：北京市海淀区阜成路甲 28 号　邮编：100142
编辑部电话：010 - 88191348　发行部电话：010 - 88191522
网址：www. esp. com. cn
电子邮件：esp@ esp. com. cn
天猫网店：经济科学出版社旗舰店
网址：http://jjkxcbs. tmall. com
北京季蜂印刷有限公司印装
880 × 1230　32 开　7. 625 印张　260000 字
2019 年 8 月第 1 版　2019 年 8 月第 1 次印刷
ISBN 978 - 7 - 5218 - 0740 - 0　定价：38. 00 元

前　　言

　　文化消费是消费者为满足精神文化需求，通过各种方式消费文化产品、参与文化活动、获取文化服务的行为总称。在转变经济增长方式和促进产业升级的时代背景下，扩大内需、促进文化消费成为我国经济发展的重要支点。伴随我国市场化改革的深入，文化产业开始新一轮的增长，文化消费驱动文化产业发展的时代也即将来临。

　　目前我国文化消费发展呈现以下四大特征：第一，文化消费支出总体上增长很快，2000～2015 年保持着年均 9.61% 的增长速度；但是与文化产业的高达 20.87% 增速相比，文化消费的总体发展相对比较缓慢。第二，从居民文化消费支出的构成上看，文化娱乐用品消费支出所占的比例比较稳定，教育消费支出占比显著下降，而文化娱乐服务消费比例稳定提升，这意味着，居民文化消费偏好向文化娱乐服务转移，这也构成了文化消费结构发展的主流趋势，从中可以一窥文化消费发展的大好前景。第三，网络成为重要的文化消费阵地。截至 2015 年，网络新闻、网络视频、网络音乐、网络游戏、网络文学用户分别达到 5.64 亿户、5.04 亿户、5.01 亿户、3.91 亿户和 2.97 亿户，使用率分别达到 82.0%、73.2%、72.8%、56.9%、43.1%。网络平台的发展促使文化企业不断创新商业模式，市场活力明显增强。第四，我国居民的人均受教育年限显著提升，文化消费意愿和能力增强，文化消费环境也明显改善。

　　同时也应该看到，我国文化消费总体形势并不是很乐观，统计数据以及各部门的调研数据显示，我国文化消费水平偏低，居民文化消费支出占家庭消费支出的比重较小；文化消费结构层次较低，娱乐型文化消费较多，提高型文化消费较少，大众文化消费较多，高雅文化消费较少；文化消费城乡差距显著，区域失衡等问题愈发突出。要直面文化消费发展中存在的这些问题，"增加文化消费总量，提高文化消费水平"，实现文化消费对文化产业的引领作用，必须提升消费者的文化消费能力，让消费者形成对于文化消费的强烈偏好和稳定的文化消费习惯，而这些都离不开文化资本的积累。本书融合社会学和经济学领域文化资本界定，将文化资本内涵区分为文化资本Ⅰ（即文化能力）和文化资本Ⅱ（即文化资源）两种形态，从需求和供给两个方面，微观和宏观两种视角，采用理论和实证两种方法来论证文化资本对文化消费的作用机制及作用大小。具体而言，本书主要涉及以下四个方面的内容。

第一，从理论上分析，文化资本与文化消费之间存在相互作用。一方面，文化资本会产生数量增进效应和质量提升效应，促进文化消费水平提升。消费者拥有较强的文化能力，会产生对于文化产品或服务的稳定需求，同时较强的"编码—解码"能力使其能更好地理解文化产品，也能创造出更富有内涵的文化作品。另一方面，文化消费也会促进文化资本积累。消费者通过"消费中学习"的过程提升文化品位，积累文化资本，逐步形成稳定的偏好结构；消费者还通过文化消费的过程产生外部性，通过良好文化氛围的形成和"示范效应"的产生，影响他人或社会文化资本的积累。文化资本和文化消费之间相互作用、相互影响，并不断固化，促使消费者形成良好的文化消费习惯和稳定的文化消费需求。

第二，利用来自中国家庭动态跟踪调查（China Family Panel Studies，CFPS）的微观数据，测度文化能力对于居民文化消费时间支出和家庭文化消费支出的影响。研究发现，家庭文化资本和个体文化资本对居民文化消费时间支出均具有显著的积极作用，其中，尤以个体文化资本的作用更甚。同时，家庭中户主文化资本对于家庭文化消费支出也具有显著正效应。家庭文化娱乐支出对户主文化资本的依赖性最强，家庭教育支出相对刚性，受户主文化资本的影响较小。结合其对于户主文化消费时间的影响来看，户主文化资本对文化消费的影响大小存在下列关系：$\gamma_{文化消费时间} > \gamma_{文化娱乐支出} > \gamma_{文教娱乐支出} > \gamma_{教育支出}$。

第三，文化资源从供给侧对文化消费存在显著的积极影响。以文化遗产和文化市场供给作为文化资源的代理变量，研究发现，文化市场供给对文化消费的影响更加显著和直接。公共文化服务和基于互联网的免费文化服务供给对文化消费产生两种效应："挤入效应"和"挤出效应"。一方面免费文化参与能积累文化资本，增加文化消费需求；另一方面却会"挤出"私人文化消费支出。实证结果显示，现阶段公共文化服务基础设施建设和互联网普及对文化消费支出的"挤出效应"较强；而公共文化活动参与却更多带来"挤入效应"，增加文化消费需求。进一步实证研究发现，公共文化消费对居民文化消费支出存在收入水平和文化资本水平的门槛效应。当跨越9.25年的文化资本水平门槛，公共文化消费产生更强的"挤入效应"，显著增加居民文化消费支出；当人均国内生产总值（GDP）超越38909元的门槛值，公共文化消费对居民文化消费支出的影响效应由负转正，由"挤出效应"转化为明显的"挤入效应"，且有随收入增加效应增强的趋势。可见，不同经济发展水平和文化资本水平下，公共文化消费对居民文化消费支出的影响效应不一样，各个地区在不同阶段对公共文化消费的要求也是有差异的，收入水平较低对公共文化消费的依赖程度相对较高，因而要根据收入水平和文化资本水平的差异调整公共文化服务供给内容和供给方式。

第四，通过运用"理性致瘾"模型实证研究发现，文化消费领域确实存在"理性致瘾"现象。消费者滞后一期的文化消费和前一期的文化消费对当期文化消费支出均存在显著正向影响，但显然消费习惯对文化消费的影响力度更强，其中，主要是文化资本在起作用，因而选择一种合适的方式引导人们去消费文化商品或服务十分重要。在理性致瘾模型中文化消费支出对于价格和收入的敏感度降低，说明消费者一旦对文化消费"上瘾"，基于价格的政策调整效果将会比较有限，更有效的决策应该是从改变消费者偏好入手。文化商品或服务消费是一种有益的上瘾，政策上应该鼓励消费，增加消费者对文化产品的接触渠道。

因而，要促进我国文化消费水平的提升，需要从以下三个方面入手：一是微观主体要转变意识。坚持发展型消费观念，重视文化消费，以达到精神世界的满足和个人文化品位的提升；同时通过家庭教育、正规教育和文化活动参与等方式积累文化资本，提升文化消费能力。二是企业要完善市场供给体系。文化企业要以"内容为王"，创造出更多富有文化内涵的文化产品和服务；以需求为导向不断革新文化产品或服务的供给方式；注重文化产业的强关联效应，拓展消费者的关联性文化需求。三是政府要优化制度设计。通过完善公共文化服务体系，鼓励居民参与到各种文化活动中，以此积累文化资本，刺激文化消费需求；健全知识产权保护制度，鼓励企业创新文化产品或服务；同时还要进行消费调研，掌握真实需求，并由政府搭建供需平台，实现供需双方的有效对接；此外，还有必要积极利用收入政策以及各种补贴政策来促进文化消费习惯的养成。只有从消费者、企业和政府三个方面同时着手发力，才能推动我国文化消费水平的快速提升。

目　录

CONTENTS

第一章

绪　　论

第一节　研究背景和意义

在中国经济面临转型的重要时点，文化产业以其低能耗、少污染、强关联、广外溢等独特优势成为新一轮经济增长的首选。在各种政策的指引下，在社会经济发展的迫切要求下，我国文化产业经历了快速增长，文化产业增加值由 2004 年的 3440 亿元攀升至 2015 年的 27235 亿元，占国内生产总值（GDP）的比重由 2.15% 增至 3.97%（见图 1 - 1）。这十二年间，我国文化产业增加值保持着年均 20.87% 的高速增长。尽管自 2013 年以来，文化产业发展的速度有所滑落，但是仍然维持着 12% 以上的增速，远远超过同期 GDP 的增长速度，"推动文化产业成为国民经济支柱性产业"的发展目标正在逐渐变成现实。文化产业不仅为拉动经济增长做出杰出贡献，还深层次地满足着人们的文化消费需求，极大地丰富了人们的精神文化生活，推动着文化的发展和繁荣。

迈克尔·波特（Michael Porter）于 1990 年提出了"经济发展的四阶段理论"即："要素驱动阶段""投资驱动阶段""创新驱动阶段"和"财富驱动阶段"。要素驱动阶段中，经济发展的动力来源于廉价劳动力、土地、矿产等各种资源；投资驱动阶段的动力来自于大规模投资和规模生产；创新驱动阶段，技术创新是经济发展

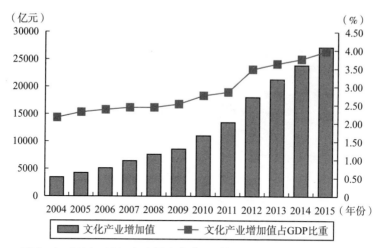

图 1 - 1　2004 ~ 2015 年中国文化产业增加值及其在 GDP 中的比重
注：值得注意的是，2004 ~ 2008 年文化产业增加值的测算范围包括法人单位、产业活动单位和个体户；2009 年后，只测算文化产业法人单位增加值。
资料来源：根据历年中华人民共和国国家统计局公布数据汇总而来。

的主要驱动力；在财富驱动阶段，追求人的个性全面发展、追求文学艺术、体育保健、休闲旅游等生活享受，成为经济发展的新的主动力①。而创新驱动阶段和财富驱动阶段（尤其是财富驱动阶段）就是以文化生产和文化消费为主的经济阶段②③（金元浦，2010；韩顺法和李向民，2010）。学者对于我国目前是否已经完成投资驱动阶段还存在不同观点，但是对于迈入"创新驱动"和"财富驱动"阶段却是毫无争议，这也意味着我国"精神生产经济"时代的来临（韩顺法、李向民，2010）。文化产业发展是影响文化消费

①　[美] 迈克尔·波特. 国家竞争优势 [M]. 李明轩，邱如美，译. 北京：华夏银行出版社，2002.
②　金元浦. 我国文化创意产业发展的三个阶梯与三种模式 [J]. 中国地质大学学报（社会科学版），2010（1）：20 - 24.
③　韩顺法，李向民. 精神生产视域下我国产业结构的内在演变 [J]. 科学学研究，2010（7）：975 - 980.

增长的重要因素。成熟的文化产业不仅能够在数量和层次上满足消费者个性化、差异化的文化需求，而且能够为文化消费的健康快速发展提供丰富的资源和良好的环境。二元经济下，我国城镇居民和农村居民的文化消费水平存在较大差距，城镇家庭的居民人均文化消费支出显著高于农村家庭。以城镇为例，我国城镇家庭人均文化消费支出由 2004 年的 1032.80 元增加到 2015 年的 2380.98 元，年均增速为 8.19%。可以认为，近年来随着文化产业发展、居民收入水平的提升以及其他诸方面的原因，城镇家庭居民人均文化消费支出增长稳定，但是与文化产业增加值高达 20.87% 的增速比起来，文化消费支出的增速仍然趋缓（见图 1 - 2）。

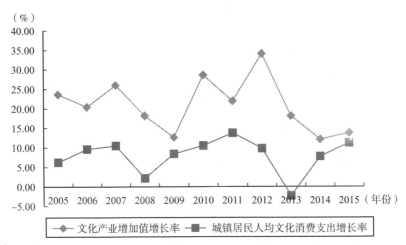

图 1 - 2 2005 ~ 2015 年中国文化产业与城镇居民文化消费支出情况
资料来源：由《中国统计年鉴》和《中国文化文物统计年鉴》数据整理而来。

尽管在我国的统计口径下，文化产业增加值核算采用的是收入法，但是按照其含义的基本界定，文化产业增加值是国家或地区当年生产出来的文化产品或服务的市场价值总和，体现的是文化产业生产情况，或者说是市场总供给情况；文化消费则是文化市场总需求的重要组成部分。按照 J. M. 凯恩斯（J. M. Keynes）宏观经济学中有效需求的基本观点，文化消费需求是拉动文化产业增长的重要动力，因而"应重视和发挥消费驱动力的作用来推动文化产业发展"①。但回顾我国文化产业的发展历程，更多的是依靠政府扶持和投资拉动发展起来的②，文化消费在推动文化产业增长方面的作用还比较有限，如何发挥文化消费的引领作用还有待于进一步研究。

按照卡尔·马克思（Karl H. Marx）的观点，社会生产过程包括：生产、分配、交换、消费四个环节，这四个环节紧密相连缺一不可，相互依存、相互制约。生产起支配作用，包括消费在内的其他三方面对生产具有反作用。文化产业领域存在类似的过程称为文化周期（联合国教科文组织，2009）。文化周期由创造、生产、传播、展览/接受/传递、消费/参与共五个阶段组成（见图1-3）。具体而言，创造指产生创作想法和内容以及非重复性产品的制作；生产是实现可重复生产以及生产过程所需的专业工具、基础设施制造；传播可以让消费者和展览者接触到批量生产的文化产品；展览/接受/传递指通过授权或售票的方式向观众提供直接的文化体验，对消费者按消费—参与时间收费的文化活动；传递是传递不涉及商业交易且通常产生于非正式场合的知识和技能，例如非物质文化遗产的世代相传；消费/参与指消费文化产品、参与文化活动和体验的活动（如阅读、跳舞、听收音机、参观画廊等）③。一般而言，文化活动都要经历从创造、生产、传播、展览/接受/传递到消费/参与的五个阶段，构成一个完整的文化周期。各种文化活动之间具有相互作用，例如文化活动（消费活动）也能"刺激新的文化产品和艺术品生产"。有些文化活动可以将任意一个阶段

① 邓安球. 论文化消费与文化产业发展［J］. 消费经济，2007（6）：16-19.
② 林楠. 文化消费意识亟待深化［R］. 新华网，2013-12-12，http://news.xinhuanet.com/politics/2013-12/12/c_125846650.htm.
③ 《2009年联合国教科文组织文化统计框架》第18页.

作为起点，有的阶段甚至可以合并或不存在。例如文化遗产创造发生在过去，与其相关的阶段可能只有展览/传递、消费/参与。新技术的产生会使文化活动流程简化或合并，例如通过博客、微博、微信等工具，人们将创造和消费的过程合二为一。但是无论如何，消费/参与这个阶段总是不可避免的。如果没有文化消费，文化活动的创造和生产、传播也就失去了意义。

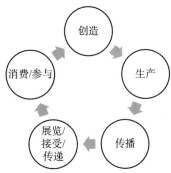

图 1-3 文化周期各阶段循环

资料来源：笔者整理。

我国各级政府和社会各界对文化产业的发展和文化消费水平的提升也给予了前所未有的关注。随着文化产业的发展，文化市场体制改革的推进和文化消费提升的呼声也日益强烈。党的第十七届六中全会提出了建设"文化强国"的战略目标，要推动文化产业成为国民经济支柱性产业，就有必要"增加文化消费总量，提高文化消费水平"[①]，面向消费者的需求，"创新商业模式，拓展大众文化消费市场，开发特色文化消费，扩大文化服务消费，提供个性化、分

---

① 文件起草组：中共中央关于深化文化体制改革推动社会主义文化大发展大繁荣若干重大问题的决定［M］. 北京：人民出版社，2011.

众化的文化产品和服务"①，同时鼓励文化市场降低文化消费的"门槛"，提供更多适合基层的文化消费产品或服务。党的十八届三中全会提出的"现代文化市场体系"的构建、社会主义文化的繁荣发展离开文化消费的支撑是万万不可能实现的，这也进一步提出了扩大文化消费数量、提升文化消费水平的紧迫感和必要性。

文化消费是促进文化产业良性发展的动力，我国需要以文化消费需求来引领文化产业的发展②。尽管与文化投资相比，文化消费更能促进文化产业发展③④（于泽、朱学义，2012；陈南岳、全少华等，2013），但是我国文化消费本身的发展速度却未能尽如人意，消费规模扩大，但是总量不高；文化消费结构不尽合理，存在明显的城乡差距、区域差距、群体差异、产品差距（刘国皇，2012；刘智勇、刘裕，2016）⑤⑥，我国农村地区文化消费存在基数小、层次低、结构模式单一、内部差异大等特征（刘树燕，2010）⑦，与发达国家相比，更是存在较大的差距（毛中根、杨丽姣，2017）⑧。以 J. M. 凯恩斯的消费理论为基础，在影响文化消费水平的诸因素之中，收入一致被认为是影响消费水平的最根本因素，但

---

① 《中共中央关于深化文化体制改革推动社会主义文化大发展大繁荣若干重大问题的决定》。

② 金元浦．培育文化消费市场推动文化产业良性发展［OE/OL］. http：//news. hexun. com/2013 - 12 - 2/160213426. html.

③ 于泽，朱学义．文化消费对文化产业影响的实证分析——以江苏省为例［J］. 消费经济，2012（10）：75 - 77.

④ 陈南岳，全少华等．城乡居民文化消费对我国文化产业发展影响的实证研究［J］. 南华大学学报（社会科学版），2013（6）：46 - 49.

⑤ 刘国皇．生态文明理念视域下的文化消费审视［J］. 福建农林大学学报（哲学社会科学版），2012（5）：76 - 80.

⑥ 刘智勇，刘裕．城乡文化消费现状、问题及变化趋势分析——基于四川的调查［J］. 理论与改革，2016（6）：155 - 160.

⑦ 刘树燕．我国农村文化消费发展问题探微［J］. 理论学刊，2010（4）：78 - 80.

⑧ 毛中根，杨丽姣．文化消费增长的国际经验及中国的政策取向［J］. 经济与管理研究，2017（1）：84 - 91.

是我国文化消费并没有随收入水平的提高而出现爆发式的增长。依然以城镇为例，城镇家庭人均可支配收入由 2004 年的 9421.6 元增加到 2015 年的 31790.31 元，年均增长 11.68%；同期人均文化消费支出由 1032.8 元增加至 2380.98 元，年均增长 8.19%。一方面，城镇家庭人均文化消费支出的增长速度整体上慢于可支配收入的增长速度（见图 1-4）；另一方面，文化消费支出与可支配收入之间的绝对差额在扩大，消费者可支配收入中用于文化消费支出的比重未见明显增长，反而呈现稳步走低的趋势，由 2004 年的 10.96% 降低为 2015 年的 7.49%。刘志彪（2011）认为，江苏省之所以在超过"人均 3000 美元带来文化消费倍增"的国际经验界限之外，还没有出现文化消费和文化市场激增局面，主要是因为缺乏丰富的、适应时代要求的、有营养的文化作品，因而对文化产业的扶持也应该从供给入手，"要增加更多的、优秀的文艺作品来满足人民对不

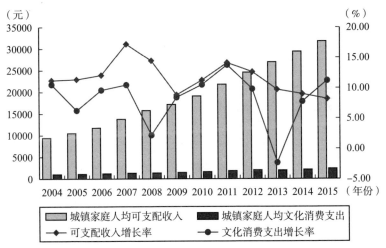

图 1-4 2004～2015 年中国城镇家庭人均文化消费与可支配收入数据比较

资料来源：笔者由《中国统计年鉴》（2005～2016）计算而来。

断增长的文化消费支出的需求"①，但文化市场的供给并非绝对不足，而是一种相对不足，或者换句话说，存在供给的结构性不足。

供给和需求就像一面镜子，它反映了我国文化产业发展的健康程度。市场经济条件下的需求导向原则促使我们反思"供给结构性不足"现象背后的需求因素，文化市场供给问题某种程度上是文化消费需求问题的体现。正如"鲍莫尔—鲍温悖论"② 所描述的那样，即使在经济富足的时候，表演艺术这样的文化活动却参与者寥寥，使得这种表演性团体入不敷出，难以为继。如果没有相应的市场需求，文化市场供给结构势必进行相应的调整，从而出现部分文化产品或服务的供给不足。在"鲍莫尔—鲍温悖论"情况下，如果消费者有足够的艺术欣赏能力，有对于表演艺术的强烈偏好，那么自然会催生出对于表演艺术作品的巨大需求。在市场刺激下，优秀、丰富的文化作品不断推陈出新，将会呈现出百花齐放的繁荣格局。

也有学者直接将文化消费不足的原因归结为需求方面的因素，例如消费者自身的性别（Di Maggio & Mohr, 1985; Katz - Gerro & Sullivan, 2004; Christin, 2012）、教育水平和艺术鉴赏能力（Michael & Becker, 1973; Ateca - Amestoy, 2008; Grisolia et al., 2010）、文化品位形成过程中的文化参与经历（Stigler & Becker, 1977; Levy - Garboua & Montmarquette, 1996）等都会对文化消费产生重要影响。在提升文化产业发展方式和提高文化消费水平的内在要求下，我国学者也发现教育所带来的文化能力增强与文化消费之间存在"互荣共生"关系（陈琪瑶、罗翠华，2012），包括经济

---

① 刘志彪. 江苏文化产业：从"新引擎"到"新支柱"的政策取向 [J]. 群众，2011（10）：35 - 37.

② 1966 年，威廉·鲍莫尔（William Baumol）和威廉·鲍温（William Bowen）在《表演艺术：经济学的困境》（*Performing Arts: The Economic Dilemma*）一文中提出一种特别的现象：在经济越来越富有的情况下，类似表演艺术这样的文化活动，却愈发容易陷入财政困境，我们将其称为"鲍莫尔—鲍温悖论"。

能力和文化素养能力在内的文化消费能力对文化消费水平提升具有非常重要的作用①。

基于上述分析可以发现，文化消费在促进文化产业发展乃至国家经济和社会发展上均具有不可替代的作用，因而促进文化消费需求具有重要意义。根据国外文献的已有研究，文化资本的积累、文化能力的提升和文化消费习惯的养成对促进文化消费具有显著作用，因而要充分发挥文化消费引领文化产业发展的作用，深入理解文化资本与文化消费的相关问题十分重要。但在检索文献中发现，国内对文化资本问题、文化消费问题的分别研究已有一定基础，但是将二者结合起来研究的文献却屈指可数，因而本书拟从文化资本角度对文化消费问题进行深入的探讨。因而，文化资本与文化消费相互作用的理论机制、文化资本与文化消费作用的实践支撑、以此为基础的文化消费水平提升等一系列问题就构成了本书的研究对象。本书的研究对于深入理解文化消费问题，从而提升文化消费水平并进一步促进文化产业发展和经济、社会、文化发展具有重要的理论意义和现实意义。

第二节　研究思路和框架

结合我国文化消费发展现状以及已有的研究，本书将从文化资本角度研究文化消费问题。本书首先根据之前学者关于文化资本的界定，结合文化消费研究需要，将文化资本内涵界定为以文化能力为代表的文化资本Ⅰ和以文化资源为代表的文化资本Ⅱ，为后续研究奠定基础。在概念界定的基础上，对于文化资本和文化消费作用的内在机制进行分析。一方面，文化资本能促进文化消费数量的增

---

① 陈小申，张泉．关于提高公众文化消费能力的几点思考［J］．领导之友，2012（5）：36－38.

加和文化消费质量的提升；另一方面，微观主体借由文化消费活动也能积累更加深厚的文化资本，这主要是通过"消费中学习"的自效应和消费外部性的他效应两种作用实现的。并在此基础上，对文化资本存量与文化消费的相互作用机制通过理论模型加以分析探讨。基于上述的理论分析，实证研究从三条路径展开：一是利用微观调查数据，从个体的文化能力入手，从需求角度研究文化资本 I 如何作用于居民的文化消费时间分配和家庭的文化消费现金支出决策；二是基于宏观数据，从文化资源着手，从供给角度研究文化资本 II 对文化消费的作用机制和作用力度；三是借用贝克尔—格罗斯曼—墨菲（BGM）模型，通过广义矩估计（generalized method of moments，GMM）方法考察文化消费是否具有理性致瘾性，从而探究文化资本积累与文化消费的相互作用。基于上述理论研究和实证分析得出的结论，本书从个人、企业和政府三个层面提出提升我国文化消费水平的对策建议。在上述研究思路的指导下，对本书的基本架构进行如下的设计。

第一章，绪论。阐述选题背景及意义，研究思路和内容及其框架结构图、研究方法以及可能的创新之处。

第二章，相关概念和文献述评。本章首先对文化消费的概念进行界定，对文化消费的对象进行说明，对文化消费的类型和特征进行总结提炼。本章结合研究需要，在借鉴的基础上进行融合，界定文化资本概念，奠定本书研究的基础。围绕本书的研究主题，本章还对国内外文化消费相关文献进行梳理和评述。

第三章，中国文化消费发展典型事实。本章主要对我国文化消费的典型事实进行梳理描述，以对我国文化消费现状进行客观、全面的认知。本章分别从我国文化消费发展的总体描述、水平测度以及存在的问题三个方面着手，考察我国文化消费的真实水平。

第四章，文化资本与文化消费的互动机制。本章在文化资本概念界定的基础上，将文化资本区分为文化资本 I（即文化能力）和文化资本 II（即文化资源）两种形态。在此基础上，分析了文化资本与文化消费的相互作用机制，并建立模型对文化资本存量与文化消费之间的关系进行深入探讨，理论分析与数理模型分析相互印证。

第五章，文化能力与文化消费：微观视角。本章基于文化资本概念的界定与文化资本形态的区分，刻画了消费者文化能力对文化消费行为的影响。利用中国家庭动态跟踪调查（CFPS）2010 年的数据，实证检验了文化能力对于成人文化消费时间支出的影响以及户主文化能力对家庭文化消费现金支出决策的影响。本章是立足于文化能力，从微观视角和需求侧做出的分析。

第六章，文化资源与文化消费：宏观视角。本章利用 2001 ～ 2011 年的省级面板数据，考察了文化产品供给、文化遗产等文化资源对文化消费的影响。同时度量了公共文化服务体系、互联网络等免费文化服务供给对于家庭人均文化消费支出的影响。本章是立足于文化资源，从宏观视角和供给侧做出的分析。

第七章，文化资本与文化消费的理性致瘾：动态选择。本章将文化商品需求由传统需求模型拓展至短视成瘾模型和理性致瘾模型，利用 2001 ～ 2011 年省级面板数据，采用系统 GMM 方法，考察了文化消费习惯对文化消费支出的影响，检验了中国的文化消费数据是否支持理性致瘾模型。本章着重考察文化资本和文化消费相互作用下所形成的消费习惯和致瘾性，以及对长期持续文化消费支出的影响。

第八章，中国文化消费水平提升对策。本章从消费者、企业和政府三大主体层面来考虑文化消费水平的提升对策。消费者要提升文化能力，养成良好的文化消费习惯；企业要增强文化商品的多样化供给，满足异质性需求，并创新商业模式，满足关联性需求；政府要营造文化消费的良好氛围，创造条件鼓励消费，完善收入分配、知识产权保护、公共文化服务等政策来支撑文化消费水平提升。

第九章，结论与展望。对本书研究的基本结论进行总结，对研究的不足之处进行分析，并对未来可能的拓展方向进行展望。

基于上述思路和内容框架，设计出如下的逻辑框架（见图1-5）。

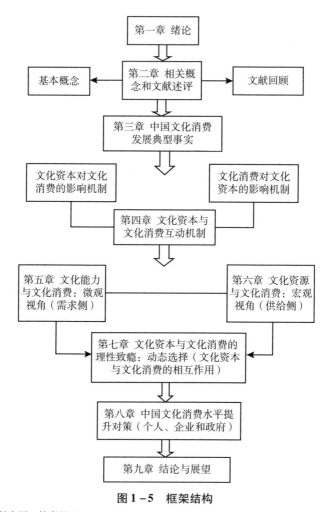

图1-5 框架结构

资料来源：笔者整理。

第三节 研究方法和可能的创新

一、研究方法

本书综合运用西方经济学、产业经济学、消费行为学、社会学等相关学术领域的知识，采用比较静态分析和动态分析等分析框架对文化资本与文化消费之间的作用机制进行推演，并就文化资本对文化消费的影响进行实证检验。在分析过程中，具体采用的分析方法有以下三点。

第一，规范分析与实证分析相结合。经济学分析中，实证分析主要回答"是什么?"的问题，而规范分析主要回答"怎么办?"的问题，对于"是什么?"的分析是为解决"怎么办?"的问题。本书中文化消费水平的描述和评价、文化资本与文化消费作用机制的探讨、文化能力和文化资源对文化消费影响的实证检验以及基于理性致瘾模型的实证研究都是为解决"是什么?"的问题，而在此基础上提出的我国文化消费水平提升对策则是回答"怎么办?"的问题。

第二，定性分析和定量分析相结合。定性分析方面，主要是针对文化资本和文化消费相互作用的机制进行理论梳理，并利用理论模型进行深入分析。定量分析方面，则是充分利用统计学和计量经济学方法分析微观调查数据和社会统计数据，通过数据分析寻找隐藏在数据背后的经济事实与规律，与定性分析的结论相互印证。本书的定量分析主要集中在第五、六、七章这三章中，分别采用 OLS、固定效应模型、GMM 方法对微观调查数据和面板数据进行定量分析，结论与第四章的理论分析结果相互呼应。本书采用定性研究与定量研究相结合的方式，从而保证研究结果的可信性和客观性。

第三，微观分析与宏观分析相结合。本书对于文化资本的界定既有微观层面的内涵，也有宏观层面的意义。因而，本书第五章从微观视角测度文化资本对居民文化消费时间支出和家庭文化消费现金支出的影响力度；第六章从宏观角度考虑文化资源对居民文化消费支出的影响效应；第七章则是借用微观模型，采用宏观数据进行的分析检验。消费者的微观行为会通过宏观数据体现出来，采用微观和宏观相结合的分析方法能从不同层面、更加全面深刻地分析、论证本书的命题。

二、可能的创新

（一）研究视角的创新

现有国内文献关于文化消费的研究大多遵循的仍然是凯恩斯主义的"绝对收入假说"，仍然将收入作为文化消费的主导因素。也有学者开始尝试采用问卷调查方式，收集一手数据，对微观主体的文化消费行为特征进行统计分析，但分析中仍然会以收入水平、职业因素、消费结构等作为基础，只有少数研究将受教育程度作为文化资本的代理变量纳入模型之中。与此同时，国内文化资本方面的文献基本上都是从生产角度着眼，考察文化资本对经济增长的作用机制及作用大小。鲜有文献研究文化资本对文化消费的影响以及文化资本对于消费者效用水平提升的作用。本书从文化资本的界定入手，对文化资本如何影响文化消费、文化消费过程如何积累文化资本以及二者的交互作用机制进行分析，并以此为基础进行实证检验。本书采用理论分析与实证分析、微观分析与宏观分析相结合的方式，对文化资本和文化消费的关系进行深入论证，为文化消费研究提供新的视角。

（二）研究观点的创新

本书基于国内外社会学和文化经济学关于"文化资本"的内涵界定，对其进行重新整合界定，根据本书的研究需要将其创造性地区分为文化资本Ⅰ（即文化能力）和文化资本Ⅱ（即文化资源）两种形态。本书对文化资本内涵的界定结合了内化和外在、无形和有形、个体和总体等特性，为加深理解文化资本与文化消费的关系奠定了基础。

本书首次利用中国家庭动态跟踪调查（CFPS）2010年的微观调研数据，实证分析了受个体文化资本和家庭文化资本影响的文化能力对于成人文化消费时间支出和家庭文化消费现金支出的影响。研究发现，文化资本对于成人文化消费时间支出具有显著影响，个体文化资本对文化消费时间支出的影响要比家庭文化资本大，而且母亲的作用比父亲大。户主的个体文化资本对于家庭教育支出、家庭文化娱乐支出、家庭文教娱乐支出和户主文化消费时间支出的影响系数大小关系为：$\gamma_{文化消费时间} > \gamma_{文化娱乐支出} > \gamma_{文教娱乐支出} > \gamma_{教育支出}$。由此发现，相较于刚性的文化教育支出，家庭文化娱乐支出对于文化资本的依赖性更强，这进一步说明，假若消费者具有选择的权利，文化资本丰厚则会产生更多的文化消费需求。这既是本书得出的有启示性的结论，也是本书研究的意义所在。

在考察文化资源对文化消费支出影响时发现：以文化遗产和文化市场供给为代表的文化资源对文化消费支出存在显著积极影响。其中，文化遗产的影响相对比较微弱，而文化市场供给的影响更加显著。公共文化服务体系和互联网络可以被认为是免费的文化资源，二者都存在提升文化资本的"挤入效应"和对文化消费支出的"挤出效应"。实证结果显示，公共文化服务体系基础设施建设带来的"挤出效应"较强，会减少文化消费支出；而居民对公共文化服务的参与度却会积累文化资本，增加文化消费需求。类似地，现阶段互联网的免费文化内容供给产生的"挤出效应"超越"挤入效应"，从而会使文化消费支出减少。以此为基础的政策调整无疑具有十分重要的现实意义。

　　本书将理性致瘾模型运用到文化消费领域，通过对动态面板数据实证发现，文化消费领域确实存在理性致瘾效应：滞后一期的文化消费和提前一期的文化消费对当期文化消费支出均存在显著正向影响，这一点与以往的研究不同。研究也发现，代表消费习惯的滞后一期文化消费支出的影响更大一些。但是理性致瘾情况下，文化消费支出对于价格和收入却不再敏感，这一点与以往的研究结论也存在较大区别，但对于文化消费却具有一定的解释力。

第二章

相关概念和文献述评

第一节　相关概念界定

一、文化消费相关概念

（一）文化消费的内涵

关于文化消费的界定有狭义和广义之分。从狭义上讲，是"以文学艺术为主体，包括音像、出版和与此相适应的"文化产品和文化服务消费①（施涛，1993）。而更多的研究更倾向于广义的界定，认为文化消费是"人们为满足自己的精神文化生活而采取不同方式消费精神文化产品和精神文化服务的行为"②（曹俊文，2002）。就具体内容而言，精神文化产品包括"科技作品、文艺作品、音像作品、影视片、各种出版物"③等，而精神文化服务是指"教育、科技培训、艺术表演、互联网、导游服务以及各种娱乐场所提供的服

---

① 施涛．文化消费的特点和规律探析［J］．广西社会科学，1993（3）：95.
②③ 曹俊文．精神文化消费统计指标体系的探讨［J］．上海统计，2002（4）：43.

务"① 等。类似地，和淑萍（2012）认为，文化消费包括"教育、文化娱乐、体育健身、旅游观光等方面"②，有些广义上的研究还包括"健身、体育表演和赛事观赏等活动"③。知识经济条件下，文化消费被赋予更多的时代内涵，日益呈现出高科技化和全球化的特征。以上述概念为基础，本书将文化消费界定为：文化消费是消费者为满足精神文化需求，通过各种方式消费文化产品、参与文化活动、获取文化服务的行为的总称。

（二）文化消费的对象

文化消费的对象是文化产品和服务。根据世界海关组织（World Customs Organization，WCO）制定的 2012 年《商品名称及编码协调制度》（HS）代码，国际上通用的文化产品或服务贸易内容主要包括文化产品领域、相关文化产品领域和文化产品的装备和辅助材料领域三大类（见表 2 - 1），这些也基本上构成了文化消费的主要对象。具体而言，文化产品领域包含自然和文化遗产、表演和庆祝活动、视觉艺术和手工艺、书籍和报刊、音像和交互媒体、视觉和创意服务六类，旅游、体育和娱乐这两类属于相关文化产品领域，此外，与核心文化产品相关的还有文化产品装备和辅助材料领域。

表 2 - 1 文化产品分类

文化产品领域	相关文化产品领域	文化产品的装备和辅助材料领域
A. 文化和自然遗产：古董	—	—

---

① 曹俊文. 精神文化消费统计指标体系的探讨 [J]. 上海统计，2002（4）：43.
② 和淑萍，于庆文. 后工业化中国城市文化消费经济差异分析 [J]. 哈尔滨商业大学学报（社会科学版），2012（1）：15 - 19.
③ 刘珉曳，赵华朋，陈丽芬. 陕西文化消费现状分析与发展对策 [J]. 中国科技信息，2005（23）：164.

续表

文化产品领域	相关文化产品领域	文化产品的装备和辅助材料领域
B. 表演和庆祝活动： 乐器、录制媒介	—	B. 表演和庆祝活动： 庆祝活动、音乐
C. 视觉艺术和手工艺： 绘画、其他视觉艺术、手工艺、首饰、摄影	—	C. 视觉艺术和手工艺： 摄影仪器及配件
D. 书籍和报刊： 书籍、报纸、其他印刷品	—	D. 书籍和报刊： 印刷机
E. 音像和交互媒体： 电影和视频	—	E. 音像和交互媒体： 音像制作设备、计算机及相关设备
F. 设计和创意服务： 建筑和设计	—	—
—	G. 旅游	G. 旅游： 游轮
—	H. 体育和娱乐	H. 体育和娱乐： 体育运动设备、体育娱乐设施、博彩

　　资料来源：根据《2009 年联合国教科文组织文化统计框架》和《商品名称及编码协调制度 2012 年版》（HS 2012 年版）整理而来。

　　除了可以买卖的文化产品和服务外，还有一些文化活动是消费者无须付费即可参与的，我们将消费者的这种行为称为文化参与①。文化参与既包括看电影、听音乐会等正式收费活动，也包括社区文化活动、社区书屋阅读等非正式的反映生活质量、传统习惯和信念的文化活动。根据《2009 年联合国教科文组织文化统计框架》中提供的"开展时间利用调查所用的 ICATUS 代码"，消费者文化消

---

　　① 文化参与过程中消费者主要付出的是时间。

费或文化参与项目的主要描述见表 2 - 2，这基本上也构成了文化服务内容的主要来源。

表 2 - 2　　　　　　　　　文化消费/参与的具体活动

项目	领域	消费/参与的具体内容	横向领域
文化领域	A. 文化和自然遗产	主要包括：参观博物馆、美术馆、历史或文化公园、遗址等活动，或者带孩子参加类似的外出活动	非物质文化遗产：参加社区组织的各种活动；参加会议、聚会、招待会等；参加宗教活动；参加其他专门的社交活动
	B. 表演和庆祝活动	参加社区的文化或历史庆祝活动以及音乐、舞蹈等公共集会；观赏戏剧、歌剧、芭蕾舞、听音乐会；参加其他大型专项文化活动；表演艺术（舞蹈、音乐、戏剧）；（使用计算机）收听有声媒体；其他未界定的视觉艺术、文学艺术和表演艺术	
	C. 视觉艺术和手工艺	使用各种材料手工生产的各种工艺品；为家庭购买非初级生产活动所需的材料，处理家庭非初级生产活动的产品；视觉艺术	
	D. 书籍和报刊	文学艺术；阅读书籍、期刊以及其他材料；收听有声媒体；使用计算机技术进行阅读；去图书馆	教育：业余时间参加额外的学习、非正规教育和课程
	E. 音像和交互媒体	网络聊天（包括：即时信息和讨论群等）；阅读和写信；看电影；电子游戏；收听/收看电视节目；观看/租借/购买的电影或视频节目；收听无线电广播节目；收听计算机收看/听视/音频节目；大众媒体	
	F. 设计和创意服务①	—	
相关领域	G. 旅游	与社交和社区活动、文化娱乐和体育活动、室内户外运动、大众媒体等相关的各种旅行活动	
	H. 体育和娱乐	参加各种文化、娱乐和体育活动；参加游戏和其他娱乐活动及相关课程；参加室内和户外运动等	

资料来源：根据《2009 年联合国教科文组织文化统计框架》整理。

---

① 其中"设计和创意服务"领域不涉及文化消费的具体内容。

（三） 文化消费的类型

根据不同的标准，对文化消费进行了以下四项分类。

第一，根据消费对象的不同，将文化消费分为文化产品消费和文化服务消费。前者指实物形式的消费，如购买书籍、音像制品等文化用品及配套设施；后者指劳务形式的消费，如观看电影、音乐会等。文化产品消费和文化服务消费既有替代性，也有互补性。例如，现场观看演唱会属于文化服务消费，购买该演唱会的 DVD 光盘自行播放观看属于文化产品消费，二者具有替代性；以电影、动画片等影视作品人物为原型开发的文具、玩具用品消费，是文化服务价值链在文化用品制造业的延伸，此时文化产品消费与文化服务消费之间具有互补性。

第二，根据消费功能的不同，将文化消费分为基本型、娱乐型和提高型。基本型文化消费主要为满足消费者的最基本文化需求，如义务教育支出、一般性报纸杂志消费等。娱乐型文化消费为人们消磨时间、休闲娱乐、放松身心提供选择，如观看电视节目、玩网络游戏、KTV 消费等。提高型文化消费则主要为满足兴趣爱好，不断完善自我，提高自身素质，如阅读中外名著、观赏艺术作品、参观博物馆等。同一文化产品或服务通常具备多种消费功能，消费主体的个性化需求决定着产品或服务的功能体现。

第三，根据是否需要支付货币，将文化消费分为免费和付费两种形式。免费的文化消费通常具有公共物品的非竞争性和非排他性特征，任意消费者无须给付货币就可以享受该文化产品或服务的功能，如公共图书馆、免费网络视频、无须付费的手机游戏等。相反地，消费者也可以通过一次性或持续性的付费取得文化产品的所有权或者享受文化服务。免费文化产品和服务为满足人们的基本书化需求提供保证。当物质生活水平达到一定程度，消费者文化需求层次不断提升，消费需求逐渐多样化，付费文化消费会逐渐趋向繁荣。

第四，根据消费层次的不同，将文化消费分为大众文化消费和高品位文化消费。大众文化消费主要为满足人们感官需要和达到消遣目的，例如看电影、报纸、杂志、流行音乐等；高品位文化消费主要为满足人们较高层次精神文化需求，如欣赏古典音乐、古玩、名人字画等，这类文化消费能够陶冶情操，给人们带来持久的精神愉悦和享受。消费者的文化素质、文化品位、收入水平等的差异使文化消费呈现出多层次性。

（四）文化消费的特征

相较于一般的物质商品消费，文化消费具有很多独特性，具体表现在以下四个方面。

1. 文化消费的精神性和高层次性

文化消费主体购买文化产品和服务主要是为享受其中蕴含的文化内容和文化价值，精神属性是文化消费的核心特质。文化产品和服务是生产者利用技术、智力、文化资本生产出的内容产品，具有独创性和个性化特征；而文化消费主体自身的知识结构、思维方式、文化背景等因素决定了其对文化产品和服务中蕴含文化价值的独特认知，"一千个读者心中就有一千个哈姆雷特"，同样的文化产品，不同的消费者会有不一样的感受。文化消费内容需要通过一定的物质形式来承载，例如书籍的纸张、电影的胶片及其他存储介质，但消费者真正关注的是这些载体所承载的文化内容。

卡尔·马克思在《经济学手稿（1857~1858）》［*The Complete Works of Marx and Engels*（*XXXI*）：*Manu*］中提出，除了单纯的生存需要和生理需要外，人还有自我创造、自我发展、自我完善的精神需要，消费的最终目的并不在于物质欲望的满足，而在于对精神生活的追求。亚伯拉罕·马斯洛（Abraham H. Maslow）的需求层次理论也表达了相似的观点。人的生理需求、安全需求、归属与爱的需求、尊重需求和自我实现的需求依次得到满足。物质需求满足是开展精神文化消费的基础，尽管免费文化产品和服务的存在使文化消费对物质条件的要求有所降低，但高品位、提高型的文化消费仍然建立在一定的经济基础之上。因而从一般意义上来说，文化消费是较高层次的消费。

2. 文化消费的共享性与重复性

与一般商品不同，文化产品和服务具有共享性。文化商品的转移和传播并不必然导致生产者丧失对文化产品的所有权和使用权。同一文化产品可以同时被不同国家、不同地区、不同民族的消费者共同拥有；伴随文化的传承，同一文化内容还可以被不同时代的人分享。文化消费品的非排他性使得文化产品的转移与物质产品大不相同。一方面，文化产品在转移过程中极易被模仿和复制，因而需要对文化产品进行知识产权保护；另一方面，移动互联网技术的日益成熟和普及使文化产品能够自由、免费传播，文化内容实现共享。

文化产品不仅可以被不同地区、不同时代的消费者拥有和使用，而且可以被同一消费者重复使用。文化产品的价值和使用价值表现为其所蕴含的文化内涵，优秀的文化产品可以丰富人们的精神生活，消费者在不同时间、不同地点可以重复消费。科技发展为古典音乐、世界名著、经典电影等优秀文化作品提供多样化的存储介质和物质载体，为文化消费的重复性提供技术保证。共享性和重复性是文化消费在时间、空间维度上区别于一般物质消费最为突出的特征。

3. 文化消费的隐蔽性和潜在性

文化消费的真实客体是承载在物质载体上的文化内容，文化消费具有隐蔽性。一方面，文化内容相同，但物质载体不同，文化消费品的市场价值也会有差异。消费者可以根据自身的收入、时间、需求等情况选择适合的载体，看似消费的是不同文化产品，但可能是同一文化内容。例如，去电影院看电影、购买正版光盘播放、互联网观看网络视频，这三种消费方式的成本不同，但消费者观赏到的影片内容几乎没有差别。另一方面，借助于物质手段存在的文化内容，其价值的变动独立于物质载体形态。尽管文化产品的物质载体会产生与物质产品相同的损耗，但文化内容的价值却不会因物质载体折旧而贬值。

文化消费的潜在性主要表现在消费影响的时间长度和思想深度两个方面。从时间长度上看，文化消费为消费者带来的效用不仅发生在消费当时，而且会延续到消费行为结束后，甚至可能对消费者产生终身影响。从思想深度上看，文化消费直接作用于人的情感意识和思想观念，在性格、信念、世界观、人生观等诸方面都会产生深远影响。文化产品的重复消费也使消费者能够更好地领悟产品中的文化内涵，延长文化产品对消费者的影响时长。

4. 文化消费的延伸性和传承性

物质消费以满足人的生理需求为基本目的，劳动生产率的提高使得人们花费在生理需求方面的时间缩短；文化消费主要为满足人的精神文化需求，文化消费水平与消费时间同向变化。一般而言文化消费水平越高，人们花费在文化消费上的时间和金钱也越多。在某种文化产品上花费的时间越长，该文化产品对消费者的吸引力越强；全社会文化消费总支出占居民可支配收入的比例越高，整个社会的文化消费氛围越浓。

文化的历史性与继承性决定了文化消费的传承性特征。漫长的历史长河中，部分优秀的文化作品会借助物质载体流传下来；而一些不顺应历史发展的文化作品则会被淘汰。因而优秀的、脍炙人口的文化产品能够代代相传，经过时间的洗礼成为不可替代的经典，文化消费得以传承和延续。延伸性和传承性也是文化消费区别于一般物质消费的典型特征。

二、文化资本内涵

"文化资本"概念最早是由法国社会学家皮埃尔·布尔迪厄（Pierre Bourdieu）提出来的，它与经济资本、社会资本和符号资本相并列，在某些条件下，文化资本可以与其他资本概念转换，例如文化资本可以转换成经济资本。与卡尔·马克思的劳动价值论相一致，皮埃尔·布尔迪厄也认为，文化产品的价值源于实践过程中的抽象劳动。当蕴含文化价值的文化产品被留存下来，文化价值也就在时间维度上积淀下来，成为人类共同的文化资源和文化财富。当利用文化资源满足某种需要或获取利益时，文化资源就成为文化资本。文化资本在本质上是人类劳动成果的积累，而在形式上则表现为一种身体化的文化资源，它会以"人的能力、行为方式、语言风格、教育素质、品位与生活方式等形式表现出来"①。所以文化资本是"包括文化能力、文化习性、文化产品、文化制度在内的文化资源的总和"②。

戴维·思罗斯比（David Throsby）于 1999 年从文化经济学角度对"文化资本"理论进行了探索。他将文化资本与物质资本、人力资本和自然资本对应起来研究，认为文化资本是"一种资产包含其中或在其占有的经济价值之外增加的文化价值"。"如果把一栋古建筑看作房产，那么它就具有某些商业价值，但是对于个人或社区来说，它的真正价值是它可能具有的审美价值、精神价值、象征意义或者其他超越了经济范围的要素。这些价值就可以称为该建筑的文化价值"（David Throsby，2001）。也就是说，在戴维·思罗斯比的研究视角下，文化资本是某种资产所具有的文化价值的体现。文化资本是文化价值的积累，文化资本在引起物品和服务不断流动的同时，也会形成本身具有文化和经济价值的商品，即新的文化资本③，从而实现文化资本在经济上的可持续发展以及文化传承。

在皮埃尔·布尔迪厄和戴维·思罗斯比的研究基础上，学者对文化资本内涵进行了进一步的延伸和拓展。阿加·克莱默（Arjo

---

①② 金相郁，武鹏. 文化资本与区域经济发展的关系研究［J］. 统计研究，2009（2）：29.

③　David Throsby. Cultural Capital［J］. Journal of Cultural Economics，1999（23）：3 – 12.

Klamer，2002）将文化资本拓展为企业、城市或国家财产的组成部分[1]，无独有偶，张鸿雁（2002）教授提出了"城市文化资本"的命题。A. 普里厄（A. Prieur）和 M. 萨维奇（M. Savage）认为，文化资本的具体内容要与特定"场域"相结合而确定[2]，与不同场域的结合可以衍生出不同的文化资本内涵，例如"城市文化资本"就是特指城市场域内的文化资本，是"资本概念不断泛化"的结果[3]。

很多学者也从不同角度对文化资本概念进行了全新界定。R. 巴雷特（R. Barrett）认为，文化资本是与组织共同的精神规划（价值观、信仰和行为）相关的价值，这种价值有助于组织内部的员工、组织外的消费者以及社会关系的协调[4]。J. 霍金斯（J. Howkins）2002 年在《创意经济》（*Creative Economy*）一书中提出了"创意资本"的概念，这是另外一种形式的文化资本。他认为，创造力其实就是一种资产，是投资产生的结果，同时也能促进未来创造力以及创意产品的产生[5]。类似地，高波和张志鹏（2004）认为，"文化资本是能为人们带来持续收益的特定价值体系"[6]，而体现价值观体系扩展和创新的企业家精神实质是一种文

---

① Klamer A. Accouting for Social and Cultural Values [J]. De Economist, 2002 (4)：453 – 473.

② Prieur A, Savage M. Updating Cultural Capital Theory：A Discussion Based on Studies in Denmark and in Britain [J]. Poetics, 2011, 39 (6)：566 – 580.

③ 张鸿雁. 城市形象与"城市文化资本"论——从经营城市、行销城市到"城市文化资本"运作 [J]. 南京社会科学, 2002 (12)：24 – 31.

④ Barrett R. Cultural Capital：The New Frontier of Competitive Advantage [J]. Liberating the Corporate Soul, 1998.

⑤ Howkins J. The Creative Economy：How People Make Money from Ideas [M]. Penguin UK, 2002.

⑥ 高波，张志鹏. 文化资本：经济增长源泉的一种解释 [J]. 南京大学学报（哲学·人文科学·社会科学）, 2004 (5)：102 – 112.

化资本积累[①]（高波，2007）。不谋而合的是，袁晓婷和陈春花（2006）提出"文化资本是能够带来价值增值的一系列价值观、信念、看法和思维方式的总和，它一方面体现了人类行为的本质特征和决定人类选择的基本依据，另一方面又潜在地制约和影响着制度安排、技术进步及物质利用"[②]。李振刚和南方（2013）进一步拓展，将"城市生活知识和技能"界定为"城市文化资本"[③]。至此，文化资本内涵已经大相径庭。

值得注意的是，目前的文化资本，并非指文化产业领域用于生产的资金、厂房、设备、材料等生产要素，而是强调文化能力和各种文化资源的资本性质。"文化资本就是文化生产场域之中积累的劳动成果，这种文化成果作为一种资源和力量影响了社会结构和权力分配，它在内容上是文化的，在形式和作用上属于资本的性质"[④]（陈治国，2011）。从本质上说，文化资本是人类劳动的凝结，同时能带来更多的价值。从社会学角度看，皮埃尔·布尔迪厄认为，通过家庭教育和学校教育，可以拥有丰富的文化资本，从而改变最初的社会地位，实现社会阶层的跃升。当然，这其中涉及文化资本、人力资本、社会资本以及经济资本的转换。从经济学角度看，资本讲求回报，因而很多经济学家将文化资本作为经济增长的关键变量来处理。如果用于文化消费领域，则意味着文化资本能促进消费数量和消费质量的提升，带来更高的效用水平，并在此过程中实现文化资本的积累。

以文化资本概念的前期研究作为基础，结合文化消费的特性，

---

① 高波．文化、文化资本与企业家精神的区域差异 [J]．南京大学学报（哲学·人文科学·社会科学），2007（5）：39－47、143．

② 袁晓婷，陈春花．文化资本在经济增长中的表现形式和影响研究 [J]．科学学研究（增刊），2006（8）：98－102．

③ 李振刚，南方．城市文化资本与新生代农民工心理融合 [J]．浙江社会科学，2013（10）：83－91．

④ 陈治国．布尔迪厄文化资本理论研究 [D]．首都师范大学博士学位论文，2011：47．

本书将文化资本界定为：文化资本是能带来消费者效用水平增加的人类劳动成果凝结和文化价值积累，是包含文化品位、文化习性等在内的抽象文化能力和包含文化遗产、文化商品、文化服务在内的具体文化资源的集合。

第二节　国内外文献述评

关于文化消费问题，国内外学者从社会、经济、文学等不同角度进行了研究探讨。经济学领域的研究可以追溯到 1899 年托斯丹·凡勃伦（Thorstein Veblen）的《有闲阶级论》（*The Theory of the Leisure Class*），但真正引起国内外学者研究兴趣、促使学者广泛探讨的则是起于"鲍莫尔—鲍温悖论"[1]，这种现象的存在引起了各领域学者对于文化消费问题的普遍关注。目前国内外文化消费研究主要围绕以下六个方面展开。

一、文化消费与文化产业发展

文化消费和文化产业是相互依存、互动发展的关系，文化消费是检验文化产业发展的"试金石"，是促进文化产业发展的"助推器"[2]（高敏、徐新桥，2015）。房宏婷（2011）认为，文化消费水平体现文化产业发展的程度，文化产业发展水平决定文化消费的发

---

[1]　Baumol W J, Bowen W G. Performing Arts – The Economic Dilemma: A Study of Problems Common to Theater [J]. Opera, Music, and Dance (New York: Twentieth Century Fund, 1966), 1966.

[2]　高敏，徐新桥. 文化消费与文化产业发展的关联度 [J]. 重庆社会科学，2015 (11)：66 – 72.

展趋向①。韩成（2017）认为，文化消费有助于文化产业寻找新的增长点，文化产业反过来开拓文化消费的领域。新常态下文化消费成为扩大内需的重要突破口，要求文化产业转型升级以适应文化消费的发展②。文化产业和文化消费的相互促进关系还表现在文化消费能提高居民素质和生活质量，带来巨大的经济效应和社会效益（卓纳新、黄向阳，2009）③。准确来讲，文化消费对经济增长产生两个层面的影响：一是文化消费作为投入要素直接拉动经济增长，二是文化消费通过影响人力资本积累间接促进经济增长（秦琳贵、王青，2017）④。扩大文化消费也是转变经济发展方式、提升城市文化软实力的重要举措（王静等，2012；张月花等，2013；张凤莲，2015）。⑤⑥⑦

林东生（2011）肯定了文化消费在文化产业发展中的能动作用，他认为，文化消费增长和发展是拉动文化产业发展的主要动力，也是助推文化产业成为中国国民经济支柱产业的重要力量⑧，但是我国文化消费不足一定程度上抑制了文化产业发展（焦斌龙、

---

① 房宏婷. 论文化消费与文化产业的互动关系 ［J］. 理论学刊，2011（10）：111 – 114.

② 韩成. 文化消费与文化产业发展的互动机制 ［J］. 社会科学战线，2017（11）：260 – 263.

③ 卓纳新，黄向阳. 农村居民文化消费的外部性研究 ［J］. 经济与社会发展，2009（3）：126 – 128.

④ 秦琳贵，王青. 我国文化消费对经济增长影响的机理与实证研究 ［J］. 经济问题探索，2017（3）：38 – 45 + 55.

⑤ 张月花，薛平智，储有捷. 创新型城市建设视角下西安文化软实力实证评价与分析 ［J］. 科技进步与对策，2013（7）：48 – 52.

⑥ 王静等. 扩大上海文化消费研究 ［J］. 科学发展，2012（7）：87 – 98.

⑦ 张凤莲. 文化消费增长的经济效应及促进机制研究 ［J］. 东岳丛刊，2015（6）：97 – 101.

⑧ 林东生. 论文化消费增长与文化产业发展趋势 ［J］. 东岳论丛，2011（5）：105 – 107.

赵卫军，2017）①。政府支出对于文化消费影响显著，易顺、彭仁贤和韩江波（2013）通过分区域面板数据分析发现，政府支出对居民文化消费支出具有促进作用，不同地区财政支出对居民文化消费支出的影响力度存在差异②。但目前的文化产业政策在消费引导方面体现不足，从而对文化产业的推动不足（邓安球，2007），因而，做强文化产业必须制定合理有效的文化产业消费政策③。严小平（2013）认为，还可以通过培育良好的消费理念，优化消费结构，加大公共文化基础设施投入等措施来发挥文化消费对文化产业的拉动作用④。车树林等（2017）认为，固定资产投资是推动文化产业发展的"外生动力"，文化消费是促进文化产业发展的"内生动力"，文化产业固定资产投资规模扩大能提高文化产品或服务的供给能力，激发居民的文化消费意愿，提高居民文化消费水平对文化产业发展的促进作用⑤。

　　虽然文化消费对文化产业的显著作用得到社会各界的广泛认同，但是我国的文化消费水平却不容乐观。高敏和徐新桥（2015）认为，我国文化消费水平与文化产业发展速度并不匹配，存在着非均衡性、非理性的问题，我国居民文化消费的巨大潜能还未有效开发与利用⑥。相关研究可以区分为微观和宏观两个层面：微观层面，左鹏、魏农建和奚红妹（2010）对上海市松江区的文化消费情况调

　　① 焦斌龙，赵卫军．中国文化产业的阶段性特征——基于要素支撑视角的分析 [J]．山西财经大学学报，2017（10）：59－71．
　　② 易顺，彭仁贤，韩江波．地方政府财政支出的居民文化消费效应 [J]．首都经济贸易大学学报，2013（2）：45－54．
　　③ 邓安球．基于湖南实践的文化产业消费政策研究 [J]．当代财经，2007（12）：80－84．
　　④ 严小平．文化消费：拉动文化产业发展的引擎 [J]．消费经济，2013（4）：69－72．
　　⑤ 车树林，顾江，李苏南．固定资产投资、居民文化消费与文化产业发展——基于省际动态面板系统 GMM 估计的实证检验 [J]．经济问题探索，2017（8）：151－157．
　　⑥ 高敏，徐新桥．文化消费与文化产业发展的关联度 [J]．重庆社会科学，2015（11）：66－72．

研发现，文化消费形式、获取信息的渠道、文化设施的硬件与软件不匹配成为郊区居民文化消费的主要障碍；居民家庭整体文化消费支出水平较高，但预期支出会减少①。刘志伟和费美娟等（2007）通过调查、统计和分析发现，山东省农村文化发展相对滞后于政治、经济的发展，而且农民文化消费更多地偏重于娱乐文化、"快餐文化"②。宏观层面，王亚南（2008）认为，文化消费水平的城乡差距已经成为共识，但是全国区域文化消费整体发展差异小于全国城乡经济的发展差异，各地城镇之间的发展差距小于各地农村之间的发展差距③。张敏（2017）研究发现，城镇和农村居民文化消费量与其收入都呈现显著正相关关系，但居民文化消费占其收入比重仍然较低，居民消费转型升级仍存较大空间，且农村居民在文化消费总量和自主消费量等方面明显低于城镇居民④。王家庭和张容（2010）发现，我国文化产业发展存在区域差异性，因而东部地区要完善市场环境，满足潜在的文化需求；中部地区要调整产业结构，吸引外来文化消费；西部地区要借助政府扶持，发挥文化产业对经济的促进作用⑤。

二、文化消费需求影响因素

新古典经济理论中将需求界定为"消费者在一段时间内，在各

---

① 左鹏，魏农建，奚红妹 . 上海郊区文化产业发展策略实证研究——以上海市松江区为例 [J]. 上海大学学报（社会科学版），2010（7）：84 - 94.

② 刘志伟，费美娟，孙金荣 . 2006 年山东省农民精神文化生活调查和需求预测 [J]. 山东农业大学学报（社会科学版），2007（2）：76 - 80.

③ 王亚南 . 全国各地城乡居民文化消费比较 [J]. 云南社会科学，2008（5）：88 - 92.

④ 张敏 . 我国城乡居民文化消费比较研究——基于虚拟解释变量模型应用和消费升级视角 [J]. 调研世界，2017（12）：33 - 36.

⑤ 王家庭，张容 . 我国文化产业发展影响因素及提升路径的区域分析 [J]. 统计与决策，2010（2）：79 - 81.

种不同的价格水平上，愿意并且能够购买的商品或服务的数量"。对于一般商品而言，商品自身的价格、相关商品（替代品或互补品）的价格、消费者的收入水平、消费者的偏好程度以及消费者对于商品的价格预期等都会影响到商品的需求量。文化商品消费的影响因素与一般商品不同，存在其自身的特殊性，可以从学界关于该问题的研究中找到答案。

1. 收入因素

收入对文化消费的正向影响形成普遍共识。刘晓红（2012）认为，我国农村文化消费增长缓慢是由收入水平、社会保障制度不健全以及文化供给不足和消费能力不足等原因造成的①。李钒和孙林霞（2013）也发现收入水平、价格因素、消费结构及消费观念是影响河南省农村文化消费增长的主要因素；农村人均社会保障及农村人均文化产业投资由于水平较低，微幅增长并不能改变农村居民的消费预期，对文化消费支出的影响较小②。高莉莉和顾江（2014）利用 2004~2010 年的省际面板数据和 GMM 方法，从文化消费的特性出发，考察了可支配收入和消费习惯等因素对城镇居民文化消费的影响。结果发现，可支配收入对城镇居民文化消费具有决定性影响，而消费习惯的作用并不显著③。扈瑞鹏等（2017）对中国城镇居民文化消费研究后也发现，收入水平、受教育程度和公共文化投资对文化消费均具有显著的正向作用，其中收入水平的驱动力最大。车树林和顾江（2018）研究发现，居民收入、城市化水平的提高对城镇居民文化消费的提升产生了显著的正面效应，收入因素对城镇居民文化消费的影响效应呈现出先增加后降低的"倒 U 型"

① 刘晓红. 经济学视阈下中国农村居民文化消费需求探析 [J]. 经济与管理，2012（2）：86-90.

② 李钒，孙林霞. 基于 JJ 检验的农村文化消费时间序列模型分析 [J]. 统计与决策，2013（7）：135-137.

③ 高莉莉，顾江. 能力、习惯与城镇居民文化消费支出 [J]. 软科学，2014（12）：23-26.

曲线特征，城市化水平的提升对城镇居民文化消费的影响更加明显[①]。收入差距的扩大反而会提高居民文化消费，中国居民文化消费增长的一个重要原因是居民收入差距的扩大，其对城镇和农村的文化消费提高的贡献均达到近 1/3（王宋涛，2014）[②]。

但是，收入对文化消费的影响存在空间异质性。李钒和孙林霞（2013）认为，对西部地区而言，收入水平的影响作用不如预期那么大，而消费结构及消费观念的影响较大[③]。聂正彦和苗红川（2014）运用东部地区、中部地区、西部地区 2002~2012 年省级面板数据实证检验发现，城镇居民文化消费的收入弹性随地区的发达程度依次递增；各地区城镇居民受消费习惯的影响差异较大[④]。张冲和刘已笳（2016）基于 2001~2014 年中国农村面板数据研究发现，不同区域之间各因素对文化消费的影响程度差异较大。文化消费的惯性作用在东部地区表现最强烈；中部地区、西部地区主要受到收入的影响；恩格尔系数对文化消费的影响在中部地区最明显[⑤]。

不同水平的收入状况对文化消费的影响也是不同的。王俊杰（2012）利用 2000~2009 年河南省辖市的面板数据，发现不同地区的收入差距导致消费差异。高收入地区农村文化消费对价格和收入反应更敏感，而中低收入地区则受前期消费水平的影响较深[⑥]。田虹和王汉瑛（2016）利用省际面板数据研究发现，总体上居民收入

① 车树林，顾江.收入和城市化对城镇居民文化消费的影响——来自首批 26 个国家文化消费试点城市的证据 [J].山东大学学报（哲学社会科学版），2018 (1)：84-91.

② 王宋涛.收入分配对中国居民文化消费的影响研究 [J].广东财经大学学报，2014 (2)：21-27.

③ 李钒，孙林霞.西部地区农村居民文化消费的时间序列协整分析 [J].青海社会科学，2013 (3)：72-75.

④ 聂正彦，苗红川.我国城镇居民文化消费影响因素及其区域差异研究 [J].西北师大学报（社会科学版），2014 (5)：139-144.

⑤ 张冲，刘已笳.中国农村居民文化消费影响因素的地区差异研究——基于东中西部地区面板数据 [J].农村经济，2016 (7)：65-71.

⑥ 王俊杰.基于面板数据的河南农村文化消费地区差异研究 [J].经济地理，2012 (1)：37-40、70.

水平对文化消费水平具有显著的拉动作用;在城镇居民群体中,随着区域经济发展水平的变更,居民人均收入对文化消费的拉动作用存在显著的单门槛效应;在农村居民群体中,随着区域经济发展水平的变更,居民人均收入对文化消费的拉动作用存在显著的三重门槛效应[1]。

同时基于微观调查数据,俞萍(2004)发现,受收入水平以及教育、购房、家装等消费支出的影响,城镇居民文化消费在短期内难以获得显著增长[2]。陈海波、王婷和刘洁(2013)对居民问卷调查发现,我国居民对文化消费生活总体满意度不高,兴趣爱好、经济收入、消费观念因素对居民的文化消费行为影响较大[3]。胡乃武和田子方(2015)运用国家统计局"2009 年城镇居民家庭调查数据"实证分析发现,家庭总收入、消费习惯、受教育年限、社会阶层、宗教信仰、户口等显著地影响居民文化消费[4]。赵吉林和桂河清(2014)基于中国家庭金融调查(CHFS)大型微观数据分析了中国家庭文化消费的影响因素。研究发现,就全国范围而言,收入、财富、家庭规模、户主受教育程度、户主年龄和赡养率对家庭文化消费均具有显著影响,其中,收入和财富是两个最重要的影响因素[5]。李志和李雪峰(2016)利用全国 4011 个城镇家庭的入户调查数据,分析了城镇居民的不同收入来源对文化消费的影响,城镇居民的工资性收入、经营性收入、财产性收入和转移性收入均显

① 田虹,王汉瑛.中国城乡居民文化消费区域差异性研究——基于面板门槛模型的实证检验 [J].东北师大学报(哲学社会科学版),2016(3):25-34.

② 俞萍.公共文化娱乐消费市场的选择倾向和发展趋势——对重庆市公共文化娱乐消费市场的调查分析 [J].重庆社会科学,2004(2):103-110.

③ 陈海波,王婷,刘洁.促进外国居民文化消费的思考 [J].价格理论与实践,2013(3):91-92.

④ 胡乃武,田子方.我国文化消费及其区域差异 [J].经济问题,2015(7):1-6.

⑤ 赵吉林,桂河清.中国家庭文化消费影响因素分析:来自 CHFS 的证据 [J].消费经济,2014(6):25-31,54.

著正向影响其文化消费，其中，工资性收入和经营性收入的影响最大①。甘宇等（2015）利用1046份农民工文化消费微观调查数据，实证分析农民工文化消费支出的影响因素。研究结果表明：农民工收入水平是影响其文化消费的重要因素，其和农民工自身文化水平都对农民工文化消费有显著的正向影响②。文立杰等（2017）基于15个省（区、市）4380份农村居民文化生活问卷调查数据研究发现，农村居民文化消费水平普遍偏低，年龄、文化程度和家庭人均年收入三个因素对农村居民文化消费支出有显著影响③。

学者还就文化商品的需求收入弹性以及是否为必需品展开研究。王亚南和方彧（2011）根据2001～2008年统计数据分析表明，农村文化消费"积蓄增长负相关效应"具有普遍适应性，这主要是由收入方面的因素导致的。"中国农村公共服务和社会保障覆盖率和均等度很低，农村居民对于未来年景的'自我保障'需求更甚，加之他们收入和消费水平偏低，面对前几年物价上涨的压力，无法紧缩物质生活和社会生活'必需'的开支，于是只好压缩'非必需'的精神文化消费"④。但是刘晓红（2013）以江苏省2004～2010年农村居民文化消费数据为样本，利用ELES模型实证分析发现，居民文化消费与收入高度相关，八大类消费中，文化消费的边际消费倾向居第四位。文化消费需求的收入弹性较低，文化消费向必需品方向发展⑤。刘晓红（2015）对南京市农村居民文化消费情

---

① 李志，李雪峰．中国城镇居民文化消费的影响因素——以中国4011个城镇家庭为例［J］．城市问题，2016（7）：87–94.

② 甘宇，赵驹，宋海雨．农民工文化消费的影响因素：来自1046个样本的证据［J］．消费经济，2015（1）：52–55.

③ 文立杰，张杰，李少多．农村居民文化消费支出及其影响因素分析——基于个体因素视角和对应分析模型［J］．湖南农业大学学报（社会科学版），2017（3）：1–6.

④ 王亚南，方彧．全国各地农村文化消费影响因素比较［J］．广义虚拟经济研究，2010（3）：79–90.

⑤ 刘晓红．江苏农村居民文化消费需求实证分析［J］．江苏农业科学，2013（4）：381–386.

况进行研究发现，南京市农村居民增加的收入中用于增加文化消费支出的较多，南京市农村居民纯收入的小幅度上升会引起文化消费需求量较大幅度的上升，文化需求收入弹性大于1[1]。关于文化消费是否为"必需品"的截然相反的结论有可能是因为不同的经济发展水平所导致的，这有待于进一步的研究。

2. 价格因素

影响文化商品消费的最直接因素除了收入，还有文化商品自身的价格。价格对于文化商品消费影响的大小往往是通过需求价格弹性这个指标体现出来的，文化产品的需求价格弹性大小众说纷纭，很多学者尝试进行研究。虽然澳大利亚的电影市场执行的是单一价格，但是周二的电影特价票活动为研究需求价格弹性提供了可能性，N. 德鲁斯（N. De Roos）和 J. 麦肯齐（J. McKenzie）利用2007 年澳大利亚新南威尔士州悉尼市电影票房总额日数据分析发现，电影市场需求存在价格弹性，而且受到电影自身特征、消费时间及影院特点的影响[2]。J. P. 拉马宁（J. P. Laamanen）利用芬兰国家歌剧院 2001～2009 年的售票数据估计出的需求价格弹性总体上接近于单位弹性（1% 的价格上升会导致需求下降 1.16%）[3]。但是相反，2011 年，浅井（Asai）利用日本 2007～2008 年排行榜上前100 位单曲或专辑数据估计需求函数发现，不论是单曲还是专辑都是需求价格无弹性的[4]。

① 刘晓红. 南京农村居民文化消费需求实证分析 [J]. 江苏农业科学，2015（2）：451－454.

② De Roos N.，Mckenzie J. Cheap Tuesdays and the Demand for Cinema [J]. International Journal of Industrial Organization，2014（33）：93－109.

③ Laamanen J. P. Estimating Demand for Opera Using Sales System Data：the Case of Finnish National Opera [J]. Journal of Cultural Economics，2013（4）：1－16.

④ Asai S. Demand Analysis of Hit Music in Japan [J]. Journal of Cultural Economics，2011，35（2）：101－117.

3. 质量因素

文化产品或服务的质量特性也会影响到文化消费水平。戴维·思罗斯比（1983）将质量归于一系列特点或与商品相联系的变量，他将质量变量概括为：剧目分类（分为古典作品和现代作品）、作者（知名和不知名）、表演水准（表演、舞蹈、唱歌、乐器表演）和创作设计水准。后来上述标准又进一步被拓展为：剧目分类（包括古典作品、现代作品、当代作品和非典型）、剧作家的声誉（知名、不知名）、剧作声誉（主要取决于评论）、导演名声、剧本是否内部创作等。以此为基础，很多研究专门探讨了电影细节例如明星效应（Albert，1998；Ravid，1999；DeVany & Walls，1999）、电影评论（Eliashberg & Shugan，1997）、导演名气（Bagella & Becchetti，1999）等对电影的决定性影响。R. 德温特（R. Dewenter）和 M. 韦斯特曼（M. Westermann）利用 1950～2002 年的时间序列数据检测了德国的电影市场，发现质量对于电影需求从而对人均到场率有积极影响[1]。P. 拉马宁（2012）发现芬兰对古典歌剧的需求较低，但对国内歌剧和有知名歌剧演员参与的表演的需求较高。J. 科宁（J. Corning）和 A. 莱维（A. Levy）也曾利用 1990～1998年 PCPA 表演类的票房收入检测了需求对于批评性评论以及优先列席的敏感性[2]。K. 德赛（K. Desai）和 S. 巴苏罗伊（S. Basuroy）研究发现，对于比较熟悉的类型电影，明星影响力和批评性评论对电影市场的表现影响较小。对于其他的电影，明星影响力和积极评论对电影市场表现具有积极影响。进一步分析发现，对于具有较小明星号召力的电影，批评性评论对于市场表现没有影响；而对于有强大明星影响力的电影，更多的正面评价会对电影票房产生积极的

---

[1]　Dewenter R, Westermann M. Cinema Demand in Germany [J]. Journal of Cultural Economics, 2005, 29 (3): 213-231.

[2]　Corning J, Levy A. Demand for Live Theater with Market Segmentation and Seasonality [J]. Journal of Cultural Economics, 2002, 26 (3): 217-235.

影响①。

4. 性别差异

在文化消费模式形成中，性别因素起到了重要作用。研究发现，瑞典女性在曲高和寡的高品位文化活动中更加积极主动，而男性在大众文化活动中更加活跃（Bihagen & Katz Gerro, 2000）②。针对女性比男性更加倾向于参加传统高层次文化休闲活动的事实（Bihagen, 1999；DiMaggio & Mohr, 1985；Katz – Gerro & Sullivan, 2004；Tepper, 2000），O. 利萨尔多（O. Lizardo）通过集中于劳动力参与的角色和职业文化中的差异重新解释了这种现象③。A. 克里斯汀（A. Christin）于 2012 年利用美国调查数据（SPPA, 2008），解释了艺术和家庭背景早期社会化、教育、劳动力性别差异、婚姻等因素对男性或女性文化参与的效应。将人群按年龄分组之后分析发现，早期艺术上的社会化完全归因于女性在年轻时候的高文化消费。在年龄最大的受访人群里，教育对于增加艺术参与率作用上，男性要甚于女性。在年轻受访者中，劳动者文化素养的性别区分仍然存在④。李晓芳和邓玲（2011）针对我国云南省大学生的文化消费情况进行问卷调查发现，城乡差异和性别差异影响比较明显⑤。

---

① Desai K K, Basuroy S. Interactive Influence of Genre Familiarity, Star Power, and Critics' Reviews in the Cultural Goods Industry: The Case of Motion Pictures [J]. Psychology & Marketing, 2005, 22 (3): 203 – 223.

② Bihagen E, Katz – Gerro T. Culture Consumption in Sweden: The Stability of Gender Differences [J]. Poetics, 2000, 27 (5): 327 – 349.

③ Lizardo O. The Puzzle of Women's "Highbrow" Culture Consumption: Integrating Gender and Work into Bourdieu's Class Theory of Taste [J]. Poetics, 2006, 34 (1): 1 – 23.

④ Christin A. Gender and Highbrow Cultural Participation in the United States [J]. Poetics, 2012, 40 (5): 423 – 443.

⑤ 李晓芳, 邓玲. 云南大学生文化消费差异比较研究 [J]. 沈阳大学学报, 2011 (6): 69 – 72.

三、文化消费与社会分层

皮埃尔·布尔迪厄（1984）在其经典著作《区隔：趣味判断的社会批判》（*Distinction: A Social Critique of the Judgement of Taste*）中将20世纪60年代晚期的法国精英分为两部分：文化精英（cultural elite）和经济精英（economic elite）。这种区分是根据一定数量的相关特征汇总而来，例如职业部门、学校类型、政治倾向、物质消费、文化活动参与情况等。文化精英会员的特征是与现代艺术的紧密联系、适度的物质消费模式和收入、高学历、中等或较高社会地位的工作（例如教育或文化类），而经济精英则更偏向于消费传统文化产品、有高收入的工作，例如技术部门，但很多学者认为，这种区分是模糊的。K. 凡·艾克（K. Van Eijck）和R. 凡·奥斯特胡特（R. Van Oosterhout）于2005年利用1975~2000年荷兰人时间利用研究（DTUS）数据分析发现，将高水平的物质消费与文化消费结合在一起的人数逐渐增加，但这种趋势可以很大程度上被文化与物质消费的自主增加所解释。控制住这种趋势后，有两个发现：一方面，知识分子越来越倾向于炫耀他们的物质消费能力；另一方面，物质上富有的人却比较少去融入文化活动。而且后一种趋势显然比前者更显著，物质和文化消费间平衡的相关性在下降[1]。

具体到文化消费的类型划分，T. W. 陈（T. W. Chan）和J. 德索普（J. Goldthorpe）发现，首先是音乐消费的类型与社会地位联系更加紧密，其次是教育，再次是阶层[2]。T. 卡茨·吉若（T. Katz Gerro）等2009年基于以色列2006~2007年的犹太人样本随机电话调查，研究发现阶层比地位的影响比预期更大，种族和宗教都是形

① Van Eijck K, Van Oosterhout R. Combining Material and Cultural Consumption: Fading Boundaries or Increasing Antagonism? [J]. Poetics, 2005, 33 (5): 283 – 298.

② Chan T W, Goldthorpe J H. Social Stratification and Cultural Consumption: Music in England [J]. European Sociological Review, 2007, 23 (1): 1 – 19.

成文化参与模式的重要因素①。J. 格里索利亚（J. Grisolía）和 K.
威利斯（K. Willis）2012 年利用潜在类别模型分析发现，英国影剧
院需求市场大致分为三个类型：第一类主要由富人构成，他们对于
剧院现场演出有强烈的偏好，他们会考虑作品的评论，作者是否有
知名度，并且喜欢各种类型的演出。第二类是普罗大众，他们不愿
意花钱去看演出，对于喜剧有强烈的偏爱。对于现场演出的兴趣不
浓，不喜欢精致的艺术作品。第三类是知识分子阶层，他们愿意花
钱去看，对于戏剧和改编作品有很高的兴趣，而且有独立的品位和
审美②。

四、文化资本与文化消费

文化品位、艺术鉴赏能力等文化资本是影响文化消费的重要因
素（Michael & Becker, 1973; McCarthy & Jinnett, 2001; Ateca
Amestoy, 2008; Grisolia et al. , 2010）。家庭氛围、教育、过去的
文化参与经历等都是文化资本获得的重要途径（Stigler & Becker,
1977; Levy Garboua & Montmarquette, 1996），因而家庭、教育、前
期文化消费等都会对当前的文化消费产生重要影响。资树荣
（2014）总结国内外的观点，将文化资本的内涵界定为消费者拥有
的与文化产品有关的文化和文化消费品位，它形成消费者的文化消
费意愿和消费能力，具有可持续发展属性，决定了消费者的文化消
费偏好结构。消费者文化资本积累的来源包括家庭、教育、社会交
际交往，而文化消费更是重要的积累方式，收入水平、文化产业发

① Katz – Gerro T, Raz S, Yaish M. How Do Class, Status, Ethnicity, and Religiosity
Shape Cultural Omnivorousness in Israel? [J]. Journal of Cultural Economics, 2009, 33 (1):
1 – 17.
② Grisolía J M, Willis K G. A Latent Class Model of Theatre Demand [J]. Journal of
Cultural Economics, 2012, 36 (2): 113 – 139.

展以及文化产品创新是影响消费者文化资本积累的重要因素①。

　　在文化资本对文化消费的影响方面，国内外学者做了很多实证方面的尝试。由于教育是获得文化资本的重要途径，多以教育作为文化资本的代理变量开展实证研究。D. 法瓦罗（D. Favaro）和 C. 弗拉特塞奇（C. Frateschi）将消费者分为三个群体：文化杂食者②（omnivores）、流行音乐消费者、古典音乐消费者。研究发现年龄、性别与文化杂食偏好正向关联，而这些因素与流行音乐消费负向关联，教育对这两个群体都有积极影响。时间利用也是音乐会参与的决定因素，职业地位则存在混合影响③。A. 金特罗（A. Quintero）和 P. 马托斯（P. Martos）于 2012 年利用哥伦比亚 2008 年的文化消费调查数据研究发现，教育低水平和社会经济地位构成表演艺术参与的主要障碍④。S. C. 迪尼兹（S. C. Diniz）和 A. F. 马卡多（A. F. Machado）以巴西九个主要大城市和联邦区域为主要分析对象，以 2002 ~ 2003 年家庭预算调查数据（FBS）和 2006 年市政信息调查（MIS）数据为基础，分析发现家庭文化艺术支出取决于社会经济、教育和消费者的人口学因素。教育对个人获得和处理信息能力的提升很有裨益。父母的教育、正规教育或在正规教育之外的艺术—文化训练等都会影响文化艺术品消费，甚至这种教育的影响比正规教育还强⑤。基于问卷调查数据，奚红妹和魏农建等

　　① 资树荣. 消费者的文化资本研究 [J]. 湘潭大学学报（哲学社会科学版），2014（4）：38 –41，63.

　　② 文化杂食者一般指消费两种以上类型产品的消费者。在此处指既消费流行音乐也消费古典音乐的消费者。

　　③ Favaro D, Frateschi C. A Discrete Choice Model of Consumption of Cultural Goods: the Case of Music [J]. Journal of Cultural Economics, 2007, 31 (3): 205 –234.

　　④ Quintero L F A, Martos L P. Determinants of Performing Arts Participation in Colombia [J]. 17th International Conference in Cultural Economics by the ACEI Kyoto (Japan), 21 –24 June 2012.

　　⑤ Diniz S C, Machado A F. Analysis of the Consumption of Artistic-cultural Goods and Services in Brazil [J]. Journal of Cultural Economics, 2011, 35 (1): 1 –18.

（2010）也发现受教育程度对于体育消费支出和参与时间有正向影响[1]。陈琪瑶和罗翠华（2012）专门探讨了教育和文化消费之间的相互关系，通过格兰杰检验发现，文化消费和教育之间具有"互荣共生"的关系[2]。马玉琪和扈瑞鹏（2015）采用面板分位回归模型研究发现，对于文化消费水平较低的居民，受教育程度的正向影响最大；对于文化消费水平较高的居民，收入水平是释放文化消费潜力的最显著推动因素[3]。陈劲（2015）研究发现，文化资本对文化消费支出产生主导性的作用和影响；经济资本和文化资本共同影响家庭文化耐用品指数；文化资本更能促进发展层次的需要，经济资本则对物质需要有直接影响[4]。傅才武和侯雪言（2017）考察了"互联网＋"背景下文化资本对居民文化消费行为的影响，实证检验发现文化资本、机会成本都是影响居民文化消费行为选择的重要因素[5]。

五、文化消费的溢出效应

个人的消费决策不仅基于自身经济条件约束下的个人偏好，还取决于社交网络中的其他主体，家庭中休闲活动的选择通常会考虑到要取悦其他的家庭成员（Becker，1996）。山村（E. Yamamura）于2013年通过调查研究发现：如果家庭有12岁以下的小孩，成人

---

① 奚红妹，魏农建等. 中国城市消费者个体差异对体育消费观念和消费行为的影响［J］. 体育科学，2010（3）：30–35.

② 陈琪瑶，罗翠华. 教育与文化消费实证关系研究［J］. 科学决策，2012（12）：84–94.

③ 马玉琪，扈瑞鹏. 基于面板分位回归模型的我国城镇居民文化消费影响因素分析［J］. 消费经济，2015（2）：79–83.

④ 陈劲. 城市居民文化消费结构及其资本积累：重庆例证［J］. 改革，2015（7）：110–119.

⑤ 傅才武，侯雪言. 文化资本对居民文化消费行为的影响研究——基于"线上"和"线下"两类文化消费群体的比较［J］. 艺术百家，2017（5）：39–46.

会更加强倾向于去观看动漫；对于之前较少观看动漫的年龄稍长的父母，这种效应更强，这意味着，源于儿童的外部性导致父母观看动漫。可见，源于周围人的外部性在扩大现代文化产品市场上扮演着重要角色，家庭内部文化产品的联合消费不仅增加小孩的效用水平还能增加父母的效用水平[1]。这种研究结论进一步拓展，个人对于文化产品的消费存在普遍的外部性，文化服务的消费和文化产品的创造通过文化氛围和文化资本积累的方式对于其他个体存在积极的外部效应（Cheng，2006）。车树林和顾江（2016）利用我国31个省（区、市，不包括我国港、澳、台地区，全书同）2006～2014年数据，实证检验文化消费的社会网络效应。在实证检验过程中，将文化消费的社会网络效应分成情境效应、内生效应和关联效应。结果表明：在全样本估计结果中，内生效应占据主体地位，对个体文化消费的影响最强，情境效应次之，关联效应最弱，但均对文化消费具有显著的促进作用[2]。

这种外部性也有可能是周边文化环境所造成的，文化消费中"场景"是"一定区域内蕴涵特定价值观的都市设施组合"。都市设施及外在环境中所蕴含的文化气质与文化人才培养之间具有内在的关联性，因而营造区域文化环境对推动创新发展非常重要（徐晓林，赵铁，特里·克拉克，2012）[3]。王志平（2009）也提出城市发展创意经济必须以消费者为导向，注重文化资源的开发和保护，营造良好的文化氛围[4]。谌丽等（2017）通过采集调查数据实证研究发现，文化消费层次、文化设施及历史文化积淀对城市文化氛围

---

① Yamamura E. The Effect of Young Children on Their Parents' Anime Viewing Habits: Evidence from Japanese Micro Data [J]. MPRA Paper, 2013, 38 (4): 331 – 349.

② 车树林，顾江. 文化消费的社会网络效应——基于全国31个省市区面板数据的实证分析 [J]. 消费经济, 2016 (6): 51 – 58.

③ 徐晓林，赵铁，特里·克拉克. 场景理论：区域发展文化动力的探索及启示 [J]. 国外社会科学, 2012 (3): 101 – 106.

④ 王志平. 创意产品、观念价值与文化消费 [J]. 改革与开放, 2009 (7): 141 – 142.

满意度均有显著正向的影响。在人均 GDP 越高和剧场、影剧院数越多的城市，文化消费层次的多样性越高，高收入阶层对城市文化氛围越满意①。

文化消费支出还会对周边地区产生影响，其中的机制在于：本地文化消费支出能增加文化产品的本地供给，本地供给会刺激总体文化需求，同时产生对外地文化产品的需求。N. 坎帕涅洛（N. Campaniello）和 M. 里基亚尔迪（M. Richiardi）在 2011 年利用意大利 20 个地区的旅游供需总体数据以及都灵（Turin）博物馆参观者调查数据，实证检验文化产品消费是否存在溢出效应，即一个地区的文化产品供给是否会增加另外一个地区的文化产品需求。结果发现，本地的文化供给刺激了对外地文化产品的需求，溢出效应呼唤地方政府在文化产品供给上的协同干预②。

文化消费的特殊性不仅在于消费者的异质性需求，还在于文化消费产品或服务种类的迥异性。文化消费可以分为多种行业，各行业之间存在复杂的影响。J. R. 麦卡锡等（J. R. McCarthy et al.，2001）发现，通过媒体观看的人群比现场观看直接参与艺术活动的人要多。但是消费习惯改变对流行音乐市场进行了重新的排列组合，新的消费模式被催生，现场音乐参与程度的市场份额逐渐攀升。J. 蒙托罗 - 庞斯（J. Montoro - Pons）和 M. 夸德拉多 - 加西亚（M. Cuadrado - García）2011 年利用 2006～2007 年西班牙的习惯和文化实践调查研究发现，事先录音消费与现场音乐消费具有直接的因果关系，文化资本在其中扮演着重要角色。研究还同时显示了时间限制与经济活动和技术运用之间的关系③。

---

① 谌丽，党云晓，张文忠，马仁锋. 城市文化氛围满意度及影响因素 [J]. 地理科学进展，2017（9）：1119 - 1127.

② Campaniello N，Richiardi M. Beggar-thy-neighbor in Art Consumption：Evidence from the "Bel Paese" [J]. LABO Ratorio R. Revelli Working Papers Series，2011.

③ Montoro - Pons J D，Cuadrado - García M. Live and Prerecorded Popular Music Consumption [J]. Journal of Cultural Economics，2011，35（1）：19 - 48.

　　网络的普遍运用对文化消费产生重大的影响。流媒体合法购买的影响是不确定的：一方面，与文件分享类似，它对于音乐购买是负向的影响，会减少购买；另一方面，如果流媒体不是作为消费的手段，而是作为被发现的渠道，可以通过样本效应正向影响音乐销售。歌曲的数字化复制版本使得消费者在正式购买前就能够发现它们，从而降低歌曲与消费者品位之间错误匹配的风险。音乐是一种体验性的商品，其效用通常只有消费过后才能感受（Nelson，1970）。一些学者发现文件分享对录制音乐消费具有负面影响，非法音乐文件共享增加以及合法数字资源下载允许消费者购买单一音轨，使得专辑销量减少；而另一些学者却发现经验证据并不支持网络下载对音乐购买的任何显著影响。G. D. 阮（G. D. Nguyen）等人对于在传统商店购买唱片、对流媒体的使用和参加现场音乐会的2000 个法国消费者进行调查，以研究流媒体的音乐消费（例如，Spotify & YouTube）形式与实体形式音乐消费（例如 CDs 和现场音乐会）究竟是替代关系还是互补关系。在控制音乐品位、社会人口特征和通常的音乐消费决定因素（不论是离线音乐消费例如无线电、TV、朋友或亲戚，还是源于在线推荐和社交网络）之后，研究结果显示免费音乐流（消费者并不拥有音乐，只是有权使用）对于 CD 销售并没有重大的影响，但是对现场音乐会参与有积极影响，尤其是对于那些通常只能在网络上见到的国家级或国际级的艺术家有显著效果①。上述关于流媒体与音乐产业之间关系的研究结论为商业模式的拓展提供了参考。

六、文化消费供给侧影响因素

　　有学者尝试从文化商品或服务生产、流通、消费的全过程来探

---

　　① Nguyen G D, Dejean S, Moreau F. On the Complementarity Between Online and Off-line Music Consumption: the Case of Free Streaming ［J］. Journal of Cultural Economics, 2013: 1 – 16.

寻文化消费的影响因素。胡雅蓓和张为付（2014）构建了文化消费的"生产供给、流通载体和消费需求（SMD）分析范式"，即文化消费供给因文化产品生产要素投入组合的差异而呈现不同的特征，文化消费需求随文化供给和收入消费结构的变化表现出不同的形态，而文化消费的流通载体则是协调供求矛盾运动的媒介和渠道[①]。王佐滕（2017）以文化消费为主体，构建基于文化消费生产供给、商品流通、消费需求的模型，认为，供给、流通与需求是我国文化消费的动力来源，在调节文化消费方面发挥着重要作用[②]。与此相类似，姜宁和赵邦茗（2015）利用长江三角洲地区 2004 ~ 2012 年的数据进行实证研究发现，文化需求与文化消费存在着稳定的相关关系，而文化传播和文化消费的相关关系呈现出稳定和强度有限的特征[③]。孟迪云和黄容（2016）基于 1991 ~ 2013 年省级面板数据模型，从消费主体的需求、消费客体的供给以及消费环境的构建三个角度研究了文化消费增长的动力机制。实证分析结果表明，不同动力源对文化消费的影响程度存在较大差异，居民收入、受教育水平、预期、文化产业总量、文化基础设施、社会保障等都对文化消费产生正的影响，且比较显著；而文化产业价格与文化消费呈负相关关系[④]。

也有学者着重探讨了文化产业领域供给、需求不匹配的困境、成因以及对策。贾琼等（2015）以甘肃省为例，探讨欠发达地区农村文化发展存在的供需匹配性困境，提出拓展公共文化受惠范围的广泛性、形成多元的农村文化供给机制并创新公共文化服务方式、

---

① 胡雅蓓，张为付. 基于供给、流通与需求的文化消费研究 [J]. 南京社会科学，2014（8）：40 - 46.

② 王佐滕. 文化消费模型构建与实证研究——以生产供给、流通载体、消费需求为变量 [J]. 商业经济研究，2017（14）：33 - 35.

③ 姜宁，赵邦茗. 文化消费的影响因素研究——以长三角地区为例 [J]. 南京大学学报（哲学·人文科学·社会科学），2015（5）：27 - 35.

④ 孟迪云，黄容. 文化消费增长的动力机制研究——基于省级面板数据模型 [J]. 消费经济，2016（4）：26 - 31.

完善农村社会保障制度、扩大宣传营造农民文化交流氛围等政策建议①。王亚楠和顾江（2017）认为，文化产品和服务市场供求矛盾的根源在于政策片面性、政策错配和政策错位，因而构建兼顾文化产品和服务供求双方的政策体系、发挥市场在资源配置中的基础作用、构建有序的生产要素市场体系是解决市场供求矛盾的有效路径②。傅才武和曹余阳（2016）则对2015年我国文化部和财政部"拉动城乡居民文化消费"中部地区试点项目的实施结果进行研究发现，借助于移动互联网技术建立信息资源共享平台，建立"居民评价积分——积分兑换市场消费"的大数据管理模式，实现文化消费领域供需对接，是激发居民文化消费潜力、提高文化产品和服务供给质量和效率的科学可行路径③。

已有文化消费相关文献为本书的研究奠定了很好的基础。相关研究对文化消费的产业发展影响以及文化消费发展现状进行了总体的评价；考察了价格、质量等产品相关因素对消费者文化需求的影响；测度了性别、受教育程度、文化品位等消费者的个体特征对文化消费商品或服务需求所产生的效应；研究了文化消费主体、文化消费环境、行业文化消费、区域文化消费所产生的外部效应；也从供给的视角研究了文化消费需求，这些研究拓宽了本研究的视角，也成为笔者研究的重要基础。国内外研究成果虽然丰硕，但很多的研究成果并非源自经济学角度，研究结论众说纷纭，并未达成共识，形成定论。研究方向上也缺乏文化资本与文化消费作用机制的系统分析，缺乏教育深化背景下基于中国数据的验证。因而，本书将从文化资本的角度入手，讨论如何引导中国居民提高文化消费水

---

① 贾琼，王建兵，徐吉宏. 欠发达地区农村居民文化消费与文化建设探析——以甘肃省为例 [J]. 商业经济研究，2015（18）：139－140.

② 王亚楠，顾江. 文化市场供求失衡的原因及对策建议——基于产业政策有效性的视角 [J]. 现代经济探讨，2017（3）：68－72.

③ 傅才武，曹余阳. 探索文化领域供给侧与消费侧协同改革：政策与技术路径 [J]. 江汉论坛，2016（8）：120－128.

平，并养成持久文化消费习惯的问题。

第三节 本章小结

本章基于前期的研究基础，对文化资本和文化消费的相关理论进行了梳理和总结。

首先，本章对文化消费的内涵、文化消费的对象、文化消费的类型和文化消费的特征进行了归纳总结，并在学界研究基础上，基于文化消费视角对文化资本的内涵进行了界定：文化资本是能带来消费者效用水平增加的人类劳动成果凝结和文化价值积累，是包含文化品位、文化习性等在内的抽象文化能力和包含文化遗产、文化商品、文化服务在内的具体文化资源的集合。

其次，本章对国内外文化消费、文化资本相关理论进行文献综述。本书将现有相关文献整理成文化消费与文化产业发展、文化消费需求影响因素、文化消费与社会分层、文化资本与文化消费、文化消费的溢出效应、文化消费供给侧影响因素等六个方面，从文献梳理中发现，已有国外研究对文化资本的获得途径以及文化品位、文化资源等对于文化消费的影响已有所涉猎，但是尚未形成系统的研究。国内相关领域的理论研究和实证研究都相对比较薄弱。

第三章

中国文化消费发展典型事实

第一节　文化消费现状的总体描述

进入 21 世纪以来，伴随文化产业的快速发展、社会观念的转变、人们需求层次和需求能力的全面提高，中国的消费模式经历了巨大转变，文化消费占据着越来越重要的位置。文化消费水平也不断提升，文化消费总量、文化消费结构、居民文化消费意愿和社会文化消费环境都不断提高和改善。

一、文化消费总量

随着经济发展和人民生活水平的提高，居民消费支出不断增加。我国城镇家庭人均消费支出由 2000 年的 7182.10 元，增至 2015 年的 21392.4 元，增长了 2.98 倍。随着物质需求的满足，人们的精神文化需求也逐渐提升，文化消费支出从 2000 年的 669.58 元增加到 2015 年的 2382.8 元，增加了 3.56 倍，略高于城镇居民总体消费支出的增长速度。虽然文化消费支出总体保持着上升的速度，平均增速 9.61%。但是各年的增长速度并不均匀，存在一定的波动性；进入 21 世纪后，文化消费增长相对比较稳定

（见图 3 – 1）。我国城镇居民人均文化消费增长率在 2013 年迎来最低点，为负值，可能与统计口径的转变有关系。而 2003 年、2008 年的两个低值可能与 2003 年严重的"非典"疫情和 2008 年的金融危机有关，经济形势变化导致居民实际收入水平发生变化，从而使文化消费支出也相应被压缩。

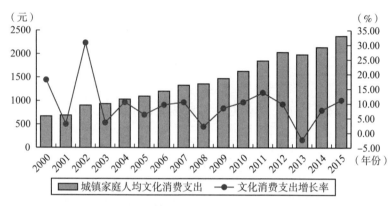

图 3 – 1　2000～2015 年中国城镇居民人均文化消费支出

资料来源：中华人民共和国国家统计局. 中国统计年鉴（2001～2016）［M］. 北京：中国统计出版社，2001～2016.

二、文化消费结构

我国家庭文化消费支出可分为教育支出、文化娱乐用品消费支出和文化娱乐服务消费支出。从绝对值上看，近年我国城镇居民文教娱乐消费支出逐年递增，教育消费"一枝独秀"，成为其中最主要的支出项目，显著高于同期文化娱乐用品消费支出和文化娱乐服务消费支出。但从相对数来看，2005～2011 年我国城镇居民文教娱乐现金消费支出中，文化娱乐用品消费支出所占的比例基本不变，一直保持在 25% 上下；教育消费支出比例由 52% 下降为 40.5%；而文化娱乐服务消费比例则由 22.4% 持续上升为 35.2%（见图 3 – 2）。

从增长速度看，居民用于教育的现金消费支出增长幅度较小，年均增长率4.6%；而文化娱乐用品消费和文化娱乐服务消费的增长则较为迅速，年均增速分别为8.2%和17.7%，可见我国城镇居民文化娱乐服务消费支出的增速显著高于文化娱乐用品消费支出和教育消费支出。从这一趋势看，未来几年文化娱乐服务消费支出还将进一步增长，超过教育消费成为居民文教娱乐支出中的主导消费。随居民收入水平增加，居民文化消费偏好向文化娱乐服务转移，这也是文化消费结构发展的主流趋势。

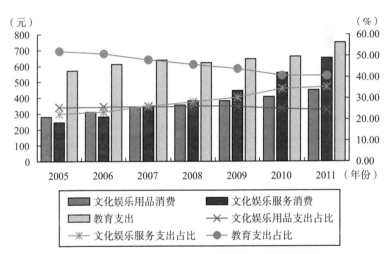

图 3 - 2 2005 ~ 2011 年中国城镇居民文化消费构成

资料来源：中华人民共和国国家统计局. 中国统计年鉴（2006 ~ 2012）［M］. 北京：中国统计出版社，2006 ~ 2012.

三、文化消费方式

随着移动互联网的快速发展以及手机、平板电脑等移动电子设备的更新换代，包括网络游戏、网络文学、网络视频、网络音乐等在内的网络文化消费发展突飞猛进①，成为全球文化消费领域新的增长点，文化消费方式发生显著变化。越来越多的年轻人将网络作为文化消费的重要平台，网络文化产业逐渐成为文化产业发展的生力军。截至 2015 年底，网络新闻用户达到 5.64 亿人，网络视频用户达到 5.04 亿人，网络音乐用户达到 5.01 亿人，网络游戏用户达到 3.91 亿人，网络文学用户达到 2.97 亿人，使用率分别达到 82.0%、73.2%、72.8%、56.9%、43.1%（见表 3 – 1）。网络文化消费迅速增长的同时，一方面，传统文化企业开始转变商业运作模式；另一方面，作为内容提供商的网络文化企业也在不断进行商业模式的尝试与创新。"在线收费阅读""付费视频点播"等已逐渐成为网络文化消费平台的主流盈利模式，网络文化消费模式开始由"完全免费"向"部分付费"拓展与延伸。

表 3 – 1　　　　　2013 ~ 2015 年中国网民各类网络应用规模及使用率

单位：万人

应用	2013 年		2014 年		2015 年	
	网民规模	使用率（%）	网民规模	使用率（%）	网民规模	使用率（%）
即时通信	53215	86.2	58776	90.6	62408	90.7
搜索引擎	48966	79.3	52223	80.5	56623	82.3
网络新闻	49132	79.6	51894	80.0	56440	82.0
网络视频	42820	69.3	43298	66.7	50391	73.2
网络音乐	45312	73.4	47807	73.7	50137	72.8
网上支付	26020	42.1	30431	46.9	41618	60.5
网络购物	30189	48.9	36142	55.7	41325	60.0

---

① 具体数据见：中国互联网络信息中心（CNNIC）的《第 32 次中国互联网络发展状况统计报告》。

续表

应用	2013 年		2014 年		2015 年	
	网民规模	使用率（%）	网民规模	使用率（%）	网民规模	使用率（%）
网络游戏	33803	54.7	36585	56.4	39148	56.9
网上银行	25006	40.5	28214	43.5	33639	48.9
网络文学	27441	44.4	29385	45.3	29674	43.1
旅行预订	18077	29.3	22173	34.2	25955	37.7
电子邮件	25921	42.0	25178	38.8	25847	37.6
团购	14067	22.8	17267	26.6	18022	26.2
论坛/BBS	12046	19.5	12908	19.9	11901	17.3
社交应用	27769	45.0	—	—	53001	77.0
在线教育	—	—	—	—	11014	16.0

资料来源：中国互联网络信息中心（CNNIC）《第 33 次中国互联网络发展状况统计报告》和《第 37 次中国互联网络发展状况统计报告》。

伴随网络文化消费的发展，文化消费和文化生产的边界逐渐变得模糊。一方面，"微内容"消费得到广泛运用和传播。"博客中的一篇网志、BBS 论坛中的短文、网站新闻后的跟帖、即时通信中的对话、手机短信传播的信息、播客中的一段视频、亚马逊网（Amazon）中的一则读者评价、个人网页上的一张照片或一个收藏的网址等"① 都是微内容，各种形式层出不穷。另一方面，随着 SNS 社交网站、即时聊天工具、视频、音频等文化内容消费的蓬勃发展，UGC 和自媒体成为文化生产的新形态，用户自制音视频、博客、手机微表达等正在流行开来，"微生产"与"微消费"使生产和消费的界限变得模糊，二者融合在同一过程之中。

① 喻国明. 微内容的聚合与开发 [J]. 青年记者，2006（21）.

四、文化消费意愿

根据国际经验，当人均 GDP 超过 3000 美元时，该国的文化产业和文化消费会快速增长；当人均 GDP 接近或超过 5000 美元时，文化产业和文化消费则会出现"井喷"式增长。2015 年我国人均 GDP 已经超过 8000 美元，居民的文化消费支付能力显著增强。在科教兴国战略的指引下，我国居民的平均受教育年限也显著提升，由 2001 年的 7.68 年增至 2015 年的 9.13 年（见图 3-3），从而使我国文化消费具备文化消费能力基础。也正是因为支付能力和文化消费能力两方面的支撑，推动我国消费者的文化消费意愿逐渐增强。

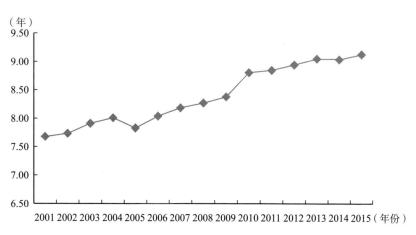

图 3-3 2001~2015 年中国人均受教育年限

资料来源：中华人民共和国国家统计局. 中国统计年鉴（2002~2016）［M］. 北京：中国统计出版社，2002~2016.

文化消费意愿代表居民对文化产品或文化服务消费的偏好程度。随着经济和社会发展，各种文化消费形式已逐渐嵌入人们的生活。根据 2012 年中国艺术科技研究所联合中国文化管理学会网络文化工作委员会开展的"居民文化消费与需求状况"问卷调查，当前文化消费在我国居民心目中占有越来越重要的位置（45.23% 的居民充分肯定了文化消费的重要性）[①]，尽管这数据看起来并不乐观，但是通过对比发现，居民对于文化消费重要性的认知有了显著提升，文化消费拥有巨大的发展空间。

五、文化消费环境

我国文化消费水平提升与外在环境的改善密不可分。公共文化服务体系建设、文化与科技的紧密融合为文化消费创造了良好的公共文化环境和技术环境。一方面，我国政府对公共文化服务投入逐年增加，全国文化机构数量持续增多，公共文化服务体系建设稳步推进。截至 2015 年底，全国共有公共图书馆 3139 个、文化馆 44291 个、博物馆 3852 个，而且全国公共文化机构已基本全部实现免费开放，这一举措鼓励居民广泛参与到文化活动中去，营造良好的文化氛围和文化环境，鼓励文化消费。另一方面，"科学技术是第一生产力"，随着科技发展和网络技术运用，文化产业的发展、文化内容获得渠道、文化消费形态等都在发生着深刻的变化，网络文化消费成为一种新的消费业态，且发展潜力巨大。根据《第 37 次中国互联网络发展状况统计报告》，截至 2015 年 12 月，我国手机网民规模达 6.02 亿人，其中，网络新闻用户 5.64 亿人，网络音乐用户 5.01 亿人，网络视频用户 5.04 亿人，以手机为代表的智能移动终端的发展使得文化消费变得碎片化、即时化、便捷化。中国移动网民平均每天浏览手机互联网的时间为 158 分钟，而全球平均

---

① 汪建根.《中国居民文化消费与需求调查报告》显示我国居民文化消费能力总体偏低［R］. 中国文化报，2013 − 3 − 5.

时间为 117 分钟①。技术革新使得文化消费内容触手可及，文化消费随时可能发生，文化消费热点也不断涌现。

第二节　文化消费发展水平的测度

一、指标体系设计

上节从文化消费总量、文化消费结构、文化消费方式、文化消费意愿和文化消费环境五个方面对我国文化消费的总体情况进行描述和呈现。结合上述分析，以综合性、针对性、科学性、可操作性为基本原则，选择相应的指标构建文化消费水平测度指标体系。考虑到因子分析时如果变量太多可能会减少因子的相关性，降低分析的准确度，因而舍弃一些关联性不大的指标，重点选择 4 个二级指标以及相应的 10 个三级指标进行度量。

具体而言，用城镇居民人均教育文化娱乐支出、农村居民人均教育文化娱乐支出两个指标代表我国文化消费支出的总体水平。文化消费分为付费文化消费支出和免费文化消费活动，二者的构成大致代表了居民的文化消费结构。本书采用居民的免费文化参与情况度量居民的文化消费结构，从指标的选取上，用公共图书馆外借册次、公共图书馆总流通人次来代表。文化消费方式主要强调互联网带来的文化消费方式变革，用互联网普及率来替代。文化消费意愿受经济能力和文化消费能力的双重限制，本书以人均 GDP、人均受教育年限来代表消费者的文化消费能力和文化消费意愿。文化消费环境主要度量政府的支持力度、文化市场发育程度、公共文化服务供给情况，本书选择文化事业费占财政支出比重、规模以上文化产

---

① 曹锐. 移动应用 APP——未来生活管家 [J]. 中国西部, 2013（13）: 91.

业法人单位数、人均图书馆藏量三个指标来代表文化消费环境。基于上述考虑，将文化消费水平测度指标体系列表（见表 3 - 2）。

表 3 - 2　　　　　　　文化消费水平测度指标体系

一级 指标	二级指标	三级指标	备注
文化 消费 水平	文化消费 总量	城镇居民人均教育文化娱乐支出 X_1	城镇居民文化消费支出
		农村居民人均教育文化娱乐支出 X_2	农村居民文化消费支出
	文化消费 结构	公共图书馆外借册次 X_3	居民文化参与情况
		公共图书馆总流通人次 X_4	居民文化参与情况
	文化消费 方式	互联网普及率 X_5	居民网络利用情况
	文化消费 意愿	人均 GDP X_6	文化消费的购买力
		人均受教育年限 X_7	居民文化资本水平
	文化消费 环境	文化事业费占财政支出比重 X_8	政府支持力度
		规模以上文化产业法人单位数 X_9	文化市场发育程度
		人均图书馆藏量 X_{10}	公共文化服务供给

资料来源：笔者整理。

二、研究方法和数据来源

（一）研究方法

本节采用因子分析方法①对文化消费水平进行综合分析和评价。指标体系中指标比较多，指标间可能存在相关性，各指标代表的数

———————————

①　本节因子分析方法的原理以及基本思想见文章：顾江，高莉莉．我国省际文化产业竞争力评价与提升——基于 31 省市数据的实证分析 [J]．福建论坛（人文社会科学版），2012（8）：5 - 11．

据可能包含重复信息。因子分析法是在尽可能不损失原有信息的情况下，将众多指标转化成少数几个可以高度概括原始数据所包含信息的潜在因子的统计方法。

本部分考虑 31 个样本省（区、市），每个样本有 10 个观测变量，若这 10 个指标之间具有较强的相关性，可以提取公共因子 F_1，F_2，$\cdots$，F_m，则变量可以表示为：$X = AF + \varepsilon$，即：

$$X_1 = a_{11}F_1 + a_{12}F_2 + \cdots + a_{1m}F_m + \varepsilon_1$$
$$X_2 = a_{21}F_1 + a_{22}F_2 + \cdots + a_{2m}F_m + \varepsilon_2$$
$$\cdots\cdots$$
$$X_{10} = a_{101}F_1 + a_{102}F_2 + \cdots + a_{10m}F_m + \varepsilon_{10}$$

通过上述模型，以 m 公因子 F 代替指标 X 进行分析，实现降维的目的。

（二）数据来源

实证分析所采用的数据主要来源于 2016 年的《中国统计年鉴》《中国文化文物统计年鉴》和《中国人口和就业统计年鉴》。其中指标"人均受教育年限"的数据通过 2016 年《中国人口和就业统计年鉴》原始数据计算得来。在实证分析之前，对所有数据进行了标准化处理。

三、文化消费水平测度

利用 IBM SPSS Statistics 统计软件进行因子分析。分析之前首先要检验数据是否适合采用因子分析方法，本节采用相关系数检验、KMO 和 Bartlett 检验两种方法进行检验，检验结果显示 KMO 值达到 0.723，可见选取的指标之间有很多共同因素；Bartlett 球形度检验的显著性为 0.000，小于 1% 的显著性水平，近似卡方值达到 287.143（见表 3-3），通过显著性检验，可见该数据适合采用因子分析法。

表 3 - 3   **KMO 和 Bartlett 检验**

取样足够度的 Kaiser - Meyer - Olkin 度量		0.723
Bartlett 的球形度检验	近似卡方	287.143
	df	45
	Sig.	0.000

资料来源：笔者整理。

利用主成分分析方法，依照特征值大于 1 的标准抽取主因子。建立因子载荷矩阵，选择最大方差法进行旋转，得到各主因子的特征值、贡献率和累计贡献率见表 3 - 4。

表 3 - 4   **特征值和方差贡献率**

因子	初始			旋转后		
	特征值	贡献率（%）	累计（%）	特征值	贡献率（%）	累计（%）
主因子 1	5.30	53.02	53.02	3.17	31.67	31.67
主因子 2	1.73	17.27	70.28	3.04	30.44	62.11
主因子 3	1.23	12.33	82.61	2.05	20.51	82.61

资料来源：笔者整理。

根据旋转后的方差矩阵，前 3 个因子的累计方差贡献率达到 82.61%，说明所选择因子的数值已经可以代表指标体系中 10 个指标原始变量的绝大部分，基本上可以解释和描绘 31 个省（区、市）文化消费水平状况。

其中，第一个主因子中，公共图书馆总流通人次、规模以上文化产业法人单位数、公共图书馆外借册次这三个指标分别具有 0.942、0.888、0.844 的载荷水平，将其归为文化消费参与因子。第二个主因子中，人均受教育年限、农村居民人均教育文化娱乐支出、城镇居民人均教育文化娱乐支出、人均 GDP、互联网普及率这五个指标有较大载荷，分别具有 0.907、0.841、0.725、0.687、0.519，将其归为文化消费能力因子。第三主因子中，人均图书馆藏量、文化事业费占财政支出比重这两个指标上的载荷分别为 0.822、0.755，这几个指标代表着政府对于文化消费的支持，将其归为文化消费环境因子。第一因子方差贡献率为 31.67%，综合的原始指标信息较多，对原始指标的反映能力最强，说明文化消费主体和市场的参与度对提高文化消费水平是最重要的。第二主因子的方差贡献率为 30.44%，与第一主因子的方差贡献率差别很小，说明居民文化消费的现实能力对文化消费水平提升也相当重要。第三个主因子的方差贡献率为 20.51%，说明政府支持和公共文化环境对于文化消费水平提升的作用也不可忽视。

以各因子的方差贡献率占总方差贡献率的比重作为权重进行加权平均，得出区域文化消费水平的综合评价模型：

$$F = 0.3167F_1 + 0.3044F_2 + 0.2051F_3$$

其中，$F_1 \sim F_3$ 分别代表消费参与、消费实力、消费环境这 3 个主因子的得分，F 表示地区文化消费水平的综合得分，F 值得分值越高，则说明文化消费水平越高。从分析结果看，上海市、浙江省、北京市、江苏省、广东省、天津市、福建省、辽宁省、山东省、内蒙古自治区这 10 个省（区、市）的文化消费水平测度综合得分较高，高于全国平均水平，而其他 21 个省（区、市）的文化消费水平测度综合得分小于 0，低于全国平均水平（见表 3 – 5）。

表 3 – 5   2015 年我国各省（区、市）文化消费水平排名

地区	总得分	排名	因子 1 得分	排名	因子 2 得分	排名	因子 3 得分	排名
上海	1.418	1	1.518	4	0.388	10	3.997	1
浙江	0.885	2	2.456	2	0.684	5	– 0.492	20
北京	0.821	3	– 0.294	17	2.543	1	0.681	6

续表

地区	总得分	排名	因子1得分	排名	因子2得分	排名	因子3得分	排名
江苏	0.799	4	2.267	3	0.649	7	-0.568	22
广东	0.743	5	2.568	1	-0.335	21	0.158	10
天津	0.364	6	-0.805	26	1.606	2	0.637	7
福建	0.260	7	0.716	6	0.237	12	-0.189	16
辽宁	0.241	8	-0.418	19	0.714	4	0.760	5
山东	0.087	9	1.004	5	-0.039	15	-1.066	30
内蒙古	0.036	10	-1.169	31	1.148	3	0.278	9
湖南	-0.008	11	-0.130	13	0.661	6	-0.821	27
湖北	-0.051	12	-0.197	14	0.073	14	-0.053	14
吉林	-0.121	13	-0.839	27	0.486	8	-0.014	13
宁夏	-0.132	14	-0.994	29	-0.104	17	1.044	4
陕西	-0.169	15	-0.486	20	0.386	11	-0.647	24
重庆	-0.176	16	-0.570	23	-0.189	18	0.301	8
山西	-0.192	17	-0.589	24	0.388	9	-0.605	23
河南	-0.205	18	0.413	7	-0.379	24	-1.074	31
黑龙江	-0.235	19	-0.966	28	0.145	13	0.132	11
河北	-0.239	20	-0.095	12	-0.201	19	-0.723	26
新疆	-0.263	21	-0.526	22	-0.336	23	0.030	12
青海	-0.269	22	-1.000	30	-0.703	28	1.275	3
安徽	-0.274	23	0.036	10	-0.592	27	-0.513	21
广西	-0.287	24	0.062	9	-0.415	25	-0.881	28
四川	-0.303	25	0.185	8	-0.972	30	-0.322	18
江西	-0.311	26	-0.215	15	-0.332	20	-0.692	25
海南	-0.319	27	-0.748	25	-0.055	16	-0.318	17

续表

地区	总得分	排名	因子1得分	排名	因子2得分	排名	因子3得分	排名
云南	−0.411	28	−0.263	16	−0.958	29	−0.177	15
甘肃	−0.414	29	−0.500	21	−0.530	26	−0.461	19
贵州	−0.421	30	−0.349	18	−0.336	22	−1.012	29
西藏	−0.854	31	−0.071	11	−3.631	31	1.336	2

注：表中分数是标准分，零分代表着平均值，正分表示高于全国平均值，负分表示低于全国平均值。

资料来源：笔者整理。

从总体文化消费水平来看，区域差异明显。东部地区的文化消费水平总体较高，2015年文化消费水平排名前10位的省（区、市）中有9个处于东部地区，东部地区只有河北省、广西壮族自治区和海南省3个省（区、市）排名相对靠后；中部地区的文化消费水平也大致处于中部区段，西部地区的10个省（区、市）基本上处于中后段。这与区域的经济发展水平相当，但又不完全一致。

表3-6　　　　　我国文化消费水平分区域汇总

东部地区	上海（1）、浙江（2）、北京（3）、江苏（4）、广东（5）、天津（6）、福建（7）、辽宁（8）、山东（9）、河北（20）、广西（24）、海南（27）
中部地区	内蒙古（10）、湖南（11）、湖北（12）、吉林（13）、山西（17）、河南（18）、黑龙江（19）、安徽（23）、江西（26）
西部地区	宁夏（14）、陕西（15）、重庆（16）、新疆（21）、青海（22）、四川（25）、云南（28）、甘肃（29）、贵州（30）、西藏（31）

资料来源：笔者整理。

从各因子得分情况来看，广东省、浙江省、江苏省、上海市、山东省、福建省、河南省、四川省、广西壮族自治区、安徽省10个省（区、市）在文化消费参与因子上的得分高于全国平均水平

（见图 3-4），说明这些省（区、市）的文化消费参与度显著较高。公共图书馆总流通人次、公共图书馆外借册次等指标代表着居民对文化消费活动的参与，规模以上文化产业法人单位数代表着文化消费市场主体的参与。上述省（区、市）在文化消费参与上的得分较高，意味着这些省（区、市）的文化消费市场很活跃。

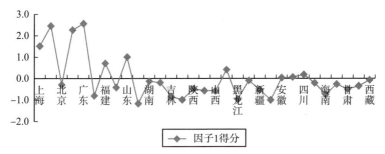

图 3-4　2015 年我国各地区文化消费参与因子得分

资料来源：笔者整理。

其次，北京市、天津市、内蒙古自治区、辽宁省、浙江省、湖南省、江苏省、吉林省、山西省、上海市、陕西省、福建省、黑龙江省、湖北省共 14 个省（区、市）在文化消费能力因子上的得分值大于 0，高于全国平均水平（见图 3-5）。这说明上述省（区、市）的文化消费现实能力和文化消费的潜在能力都很强，这基本上决定了文化消费水平的总体走向。

另外，上海市、西藏自治区、青海省、宁夏回族自治区、辽宁省、北京市、天津市、重庆市、内蒙古自治区、广东省、黑龙江省、新疆维吾尔自治区 12 个省（区、市）的文化消费环境因子得分较高（见图 3-6），说明公共文化体系中政府支持力度较高，文化消费的外部环境较好，这些地区的文化消费水平也有很强提升的可能性。

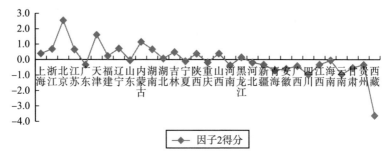

图 3 - 5　2015 年我国各地区文化消费能力因子得分

资料来源：笔者整理。

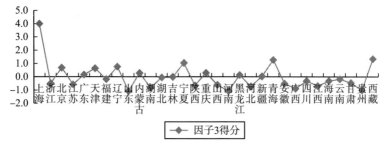

图 3 - 6　2015 年我国各地区文化消费环境因子得分

资料来源：笔者整理。

　　我国文化消费水平的区域差异性不仅体现在文化消费的总体水平上，还体现在各因子水平上（见表 3 - 7、表 3 - 8、表 3 - 9）。东部地区的文化参与度和文化消费能力较强，这决定了东部地区的文化消费水平总体较高。政府在西部地区的公共文化服务体系上投入很多，营造了较好的文化消费环境，为未来文化消费水平提升奠定基础。

表 3-7　　　　　　　　　文化消费参与因子分区域汇总

东部地区	上海（4）、浙江（2）、北京（17）、江苏（3）、广东（1）、天津（26）、福建（6）、辽宁（19）、山东（5）、河北（12）、广西（9）、海南（25）
中部地区	内蒙古（31）、湖南（13）、湖北（14）、吉林（27）、山西（24）、河南（7）、黑龙江（28）、安徽（10）、江西（15）
西部地区	宁夏（29）、陕西（20）、重庆（23）、新疆（22）、青海（30）、四川（8）、云南（16）、甘肃（21）、贵州（18）、西藏（11）

资料来源：笔者整理。

表 3-8　　　　　　　　　文化消费能力因子分区域汇总

东部地区	上海（10）、浙江（5）、北京（1）、江苏（7）、广东（21）、天津（2）、福建（12）、辽宁（4）、山东（15）、河北（19）、广西（25）、海南（16）
中部地区	内蒙古（3）、湖南（6）、湖北（14）、吉林（8）、山西（9）、河南（24）、黑龙江（13）、安徽（27）、江西（20）
西部地区	宁夏（17）、陕西（11）、重庆（18）、新疆（23）、青海（28）、四川（30）、云南（29）、甘肃（26）、贵州（22）、西藏（31）

资料来源：笔者整理。

表 3-9　　　　　　　　　文化消费环境因子分区域汇总

东部地区	上海（1）、浙江（20）、北京（6）、江苏（22）、广东（10）、天津（7）、福建（16）、辽宁（5）、山东（30）、河北（26）、广西（28）、海南（17）
中部地区	内蒙古（9）、湖南（27）、湖北（14）、吉林（13）、山西（23）、河南（31）、黑龙江（11）、安徽（21）、江西（25）
西部地区	宁夏（4）、陕西（24）、重庆（8）、新疆（12）、青海（3）、四川（18）、云南（15）、甘肃（19）、贵州（29）、西藏（2）

资料来源：笔者整理。

第三节 文化消费发展存在的问题

从前面的分析可以看出，近年来，我国文化产业繁荣发展，居民文化消费支出水平有较大提升。但在欣喜的同时也应看到，我国文化消费总体形势并不是非常乐观，统计数据以及各部门的调研数据显示，我国文化消费水平偏低，居民文化消费支出占家庭消费支出的比重较小，居民文化消费结构也有待进一步调整优化等。对于我国文化消费存在问题的分析有助于完整深入把握我国文化消费水平，并以此为基础展开后面的分析。

一、文化消费支出总量偏低

研究表明，消费结构与 GDP 存在较强的相关性。国际经验显示，在人均 GDP 达到 1000 美元以后，包括文教、娱乐、旅游在内的发展享受型消费比重会不断上升。2003 年我国人均 GDP 已经达到 1000 美元，但是相对而言，我国居民文化消费占消费性支出的比重略低（见表 3 – 10）。2005～2012 年，我国城镇居民文化消费占消费支出的比重平均为 12.12%，农村居民文化消费平均占比为 8.12%[①]，而许多发达国家和地区居民文化消费占消费总额的比例达到 30% 以上。可见，我国城乡居民文化消费的潜力远未释放，我国文化消费尚处于起步阶段。

---

① 根据《BRICS 金砖国家联合统计手册 2013》第 73、74 页的数据测算而来。

表3－10   人均GDP1000美元时各国文化消费占总消费支出的比例

国别	中国	美国	德国	法国	英国	匈牙利	波兰
年份	2003	1942	1959	1958	1958	1971	1970
比例（%）	5.5	5.3	7.6	7.2	5.4	10.9	11.5

资料来源：祁述裕. 中国文化产业发展战略研究［M］. 北京：社会科学文献出版社，2008：32.

　　2012年中国艺术科技研究所开展的《居民文化消费与需求状况》问卷调查结果显示，我国居民文化消费支出总体偏低。在总体受调查人群中，每月文化消费支出在50元以下的占18%；50～100元的占30%；101～300元占33%；301～500元占13%；501～1000元占4%；而月均文化消费支出在1000元以上的居民只占到总体受调查者的2%（见图3－7）。虽然调查结果可能与样本选择有关，但仍然大致反映了我国文化消费的总体面貌。

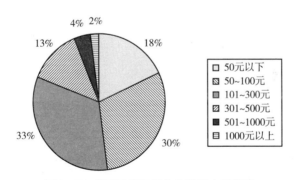

图3－7   我国居民每月文化消费支出情况
资料来源：2012年中国艺术科技研究所开展的《居民文化消费与需求状况》问卷调查。

二、文化消费结构层次较低

　　本章第一节从现金支出的角度分析了我国居民的文化消费结

构,研究发现,文化娱乐服务支出在文化消费总体支出中呈明显上升趋势,这符合文化消费结构发展的一般规律。2012 年中国艺术科技研究所的《居民文化消费与需求状况》问卷调查结果显示,居民对上网、看电视、看电影、阅读书报杂志、参观博物馆、旅游、听广播、看文艺演出、收藏艺术品等文化消费活动更加偏好。根据中国人民大学发布的"中国文化消费指数"①,电影、电视、图书报纸杂志、游戏等大众文化消费居多,文艺演出、艺术品收藏等高雅文化消费活动相对较少(见表 3 – 11),不同的调查得出的结论却是相似的。

表 3 – 11   2013 年和 2016 年我国最受消费者欢迎的文化产品/服务对比

排序	2013 年	2016 年
1	报纸杂志	电影
2	游戏	广播电视
3	文化器材	网络文化活动
4	电视	文化娱乐活动
5	设计	图书、报纸、期刊
6	电影	文化旅游
7	图书	游戏
8	广播	文艺演出
9	艺术品收藏	动漫
10	娱乐活动	工艺美术品和收藏品

资料来源:《中国文化消费发展指数(2013)》和《中国文化消费发展指数(2016)》。

中国艺术科技研究所的《居民文化消费与需求状况》问卷调查

---

① http://www.ce.cn/culture/gd/201311/11/t20131111_1732472.shtml,中国人民大学首次发布"中国文化消费指数",中国经济网,2013 – 11 – 11.

结果也显示：一方面，免费文化消费成为居民文化消费活动的首选，例如，"看电视"是中老年群体主要的文化消费活动，而"上网"是青少年的优先选择。也有调查发现，城镇居民六成以上的文化活动是看电视和上网，农村居民文化消费的内容局限在看电视、打麻将和玩纸牌①。另一方面，娱乐型文化消费较多，提高型文化消费较少；大众文化消费较多，高雅文化消费较少。我国大众文化消费主要在于放松自我和休闲娱乐，娱乐活动的内容层次较低，部分领域低俗化现象也很严重；严肃、高雅的高品位文化消费明显不足。总体而言，我国文化消费结构层次较低，提升的空间很大。

三、文化消费城乡差距明显

二元经济下，我国农村与城镇居民的文化消费水平存在较大差距，统计上也是分开进行。数据显示，我国农村居民文化消费支出基数较小，而且增速缓慢。2006 年，我国农村居民人均文化消费支出为 305.13 元，仅占同期城镇居民人均文化消费支出的 25.36%。2006～2015 年，我国农村居民文化消费现金支出以年均 15.36% 的速度持续增长，2015 年达到 969.3 元，仍然只占同期城镇居民文化消费支出的 40.68%（见图 3-8），由此可见，我国城乡文化消费水平仍然存在着显著差距。

不过值得注意的是，受生活方式的影响，农村居民的文化消费时间占可支配时间的比重和实际文化消费时间数量均略高于城镇居民。调查显示，18.98% 的被调查农村居民认为，文化消费"非常重要"，而"北、上、广、深"等大都市居民中持这一观点的仅占 6.06%，其他一类、二类、三类城市分别为 7.9%、9.25% 和 14.1%。二类城市和乡镇居民对文化消费"综合重要程度"（"综

---

① 金晓彤，王天新，闫超. 中国居民文化消费对经济增长的贡献有多大？——兼论扩大文化消费的路径选择 [J]. 社会科学战线，2013（8）：68-74.

合重要程度"为"不重要"与"重要"的比值）的认知要远远高于其他区域居民①。因而，尽管农村居民的人均文化消费支出水平较低，但是他们对文化消费的重要程度有充分认知，文化消费需求有潜力。

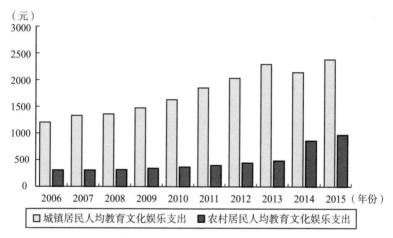

图 3－8　2006～2015 年我国城乡居民文化消费水平

资料来源：中华人民共和国国家统计局．中国统计年鉴（2007～2016）［M］．北京：中国统计出版社，2007～2016.

四、文化消费区域发展失衡

我国区域间文化消费水平存在较大差异。一方面，就城镇居民家庭人均文化消费支出值来看，2015 年我国城镇居民家庭人均文教娱乐支出 2382.8 元，我国 31 省（区、市）中仅有 9 个省（区、市）高于这一平均水平，可见我国居民文化消费水平存在着较为严重的区域失衡，之前的文化消费水平测度也证实了这一点。2015 年

① 数据来源：2012 年中国艺术科技研究所开展的《居民文化消费与需求状况》问卷调查。

我国城镇居民人均文教娱乐现金支出超过 3000 元的只有上海市、北京市、江苏省；人均文化消费支出不到 3000 元但是超过全国平均水平的有浙江省、湖南省、广东省、内蒙古自治区、辽宁省、宁夏回族自治区；西藏自治区城镇居民人均文教娱乐现金支出不足 1000 元；10 省（区、市）在 1000 ~ 2000 元（见表 3 - 12）。上海市、北京市、浙江省、江苏省、广东省、天津市等经济发达地区的城镇居民人均文化消费支出也相对较高。

表 3 - 12 　　2015 年我国地区城镇居民家庭人均文化消费支出　　单位：元

地区	文化消费支出	消费支出	文化消费比例（％）	地区	文化消费支出	消费支出	文化消费比例（％）
全国	2382.8	21392.4	11.14	河南	1991.9	17154.3	11.61
北京	4027.6	36642	10.99	湖北	1972.2	18192.3	10.84
天津	2282.6	26229.5	8.70	湖南	2934.1	19501.4	15.05
河北	1870.8	17586.6	10.64	广东	2671.5	25673.1	10.41
山西	2207.9	15818.6	13.96	广西	1845	16321.2	11.30
内蒙古	2504.7	21876.5	11.45	海南	1617.8	18448.4	8.77
辽宁	2418.7	21556.7	11.22	重庆	1951.3	19742.3	9.88
吉林	2161.8	17972.6	12.03	四川	1863	19276.8	9.66
黑龙江	1846.7	17152.1	10.77	贵州	2312.7	16914.2	13.67
上海	4046	36946.1	10.95	云南	2079	17675	11.76
江苏	3058.4	24966	12.25	西藏	757.9	17022	4.45
浙江	2962.8	28661.3	10.34	陕西	2201.1	18463.9	11.92
安徽	1913.3	17233.5	11.10	甘肃	2044.9	17450.9	11.72
福建	2314	23520.2	9.84	青海	2022.5	19200.6	10.53
江西	1874.4	16731.8	11.20	宁夏	2389.8	18983.9	12.59
山东	2141.1	19853.8	10.78	新疆	2105.4	19414.7	10.84

资料来源：中华人民共和国国家统计局 . 中国统计年鉴（2016）[M]. 北京：中国统计出版社，2016.

另一方面，从城镇居民消费结构看，差距也非常明显。例如，2015 年湖南省的城镇居民文化消费比例为 15.05%，位居我国第一，与 11.14% 的平均水平相比，高出近 4 个百分点；而同期西藏地区城镇居民文化消费比例不足 5%（表 3 - 12），区域间文化消费水平的差异显而易见。随着区域经济的快速发展和居民消费观念的逐步转变，文化消费需求可能会进一步释放，但文化消费区域发展失衡问题在未来一段时间可能仍然存在。

第四节　本章小结

本章基于我国文化消费发展的现状，对我国文化消费水平从文化消费支出总量、文化消费结构、文化消费方式、文化消费意愿和文化消费环境这五个方面来进行总体刻画和描述。并以上述五个方面作为二级指标，选取 10 个三级指标构建我国文化消费水平测度指标体系，用因子分析方法度量 2015 年我国各地区文化消费水平，研究结果发现，我国文化消费水平存在较大的地区差异。少数地区（10 个省（区、市））文化消费水平高于全国平均水平，大多数地区（21 个省（区、市））低于全国平均水平。东部地区和中部地区的文化消费能力较强，而西部地区文化消费环境好，具有一定的文化消费潜力。研究同时发现，人均受教育年限、人均 GDP 等反映文化消费能力和文化消费意愿的指标在文化消费水平评价中具有较大的载荷，具有较强的影响，这也意味着，以教育年限为代表的文化资本对文化消费具有重要影响。

近年来，我国文化消费发展取得了显著进展，具体表现为文化消费支出总量增加、文化消费结构层次提高、文化消费方式转变、文化消费意愿增强、文化消费环境优化等，但是综观我国文化消费的发展，仍然存在不少问题。尽管纵向上看，我国文化消费水平有显著提升，但是与国际数据进行横向比较发现，我国文化消费支出总体水平偏低，发展相对而言比较滞后。文化消费的结构层次仍然较低，免费的文化消费活动占比较大，高雅文化消费还有很大的拓展空间。此外，还存在文化消费城乡差异和区域差异显著的现象，这一切还有赖于文化消费水平的提升，以弥合文化消费的层次差异和区域差异。

第四章

文化资本与文化消费的互动机制

第一节　文化资市影响文化消费的机制

一、文化资本的形态区分

文化资本形态区分是对文化资本内涵的细化和深入。皮埃尔·布尔迪厄（1997）将文化资本区分为三种形态：（1）客观化的文化资本（the objectified cultural captical），如图片、书籍、字典等文化商品，这些商品需要特定的文化能力去欣赏。（2）身体化的文化资本（the embodied cultural captical），表现为个人精神和身体的持久性情，通常引申为能够欣赏和理解文化作品的气质或能力。这个过程"因为包含了劳动力的变化和同化，所以极费时间，因此它们的获得必须由投资者来亲力亲为，衡量文化资本最为精确的途径，就是将获取收益所需的时间的长度作为其衡量标准"[①]。（3）制度化的文化资本（the institutionalized cultural captical），是身体化的文化资本以学术资格形式的确认，通常表现为教育证书和证书体系。

[①] ［法］皮埃尔·布尔迪厄. 文化资本与社会炼金术［M］. 包亚明，编译. 上海：上海人民出版社，1997：90.

可以认为，制度化的文化资本是个人拥有的身体化文化资本发展的结果，并通过教育体系成功转化。如果要欣赏和使用客观化的文化资本，个体必须具备相应的欣赏能力，这种欣赏能力即为身体化文化资本的体现，身体化文化资本通过社会化过程、教育投资和培训积累、文化商品消费等方式获得，是行为、性情、知识和习惯等内化的结果。

而在戴维·思罗斯比的视角下，文化资本具有两种存在形式：一种是有形的文化资本（tangible cultural capital），例如建筑物、场所、遗址、庭院、艺术品、手工艺品等；另一种是无形的文化资本（intangible cultural capital），无形的文化资本是一种智力资本，表现为某个群体共享的思想、习惯、信仰和价值观等，也可以表现为像音乐、文学这样的作品。有形的文化资本和无形的文化资本相互补充，共同构成文化资本的内容。

皮埃尔·布尔迪厄和戴维·思罗斯比对文化资本的描述兼顾具体和抽象、有形和无形，对内涵的界定相对清晰、全面，且内核上具有相似之处。在不同的区分方式中，客观化的文化资本与有形文化资本概括的内容基本相同，都基本上囊括了文化价值的实物载体。皮埃尔·布尔迪厄描述下的身体化和制度化文化资本，一定意义上与无形文化资本类似（见表4-1），都强调的是意识层面，只不过前者内化在个人身体之中，而后者弥漫在群体之间。当然两者也存在区别，皮埃尔·布尔迪厄的描述相对微观和个体化，戴维·思罗斯比在客观化文化资本的基础上，将包括被赋予文化意义的各种物质形态的文化资本统一归入有形文化资本①，在这一点上无疑更加全面透彻。

---

① 金相郁，武鹏. 文化资本与区域经济发展的关系 [J]. 统计研究，2009（2）：28－34.

表4-1   文化资本形态比较

皮埃尔·布尔迪厄的文化资本		戴维·思罗斯比的文化资本	
分类	具体描述	分类	具体描述
客观化形态	需要特定文化能力去欣赏的文化商品,如图片、书籍、字典等	有形文化资本	建筑物、场所、遗址、艺术品、手工艺品等
身体化形态	个人精神和身体的持久性情,即能够欣赏和理解文化商品的气质或能力	无形文化资本	智力资本,表现为某个群体所共享的思想、习惯、信仰和价值观等
制度化形态	具体形式的学术资格确认,通常表现为教育证书和证书体系		

资料来源:笔者整理。

本书结合二者的观点,取长补短地将文化资本区分为文化资本Ⅰ和文化资本Ⅱ,其中,文化资本Ⅰ强调文化能力,是将通过学校教育、社会化和文化实践等途径获得的各种知识素养内化的结果,是文化资本的主观体现;文化资本Ⅱ强调文化资源,是人们所创造的文化遗产、文化产品、文化传统等客观存在(见表4-2)。文化资本Ⅰ与文化资本Ⅱ相互补充,相互促进。

表4-2   文化资本形态界定

	分类	具体内容
文化资本	文化资本Ⅰ	即文化能力,是各种文化知识和思想的内化,通过微观个体的文化素养、品位和欣赏能力等表现出来,是文化资本的主观体现
	文化资本Ⅱ	即文化资源,以艺术作品、文化产品、文化遗产等实物形式,或以传统习俗、传统节日等无形形式存在,是文化资本的客观体现

资料来源:笔者整理。

上述界定的文化资本形态对文化消费存在不同形式的影响。

文化资本 I 即文化能力，是微观个体理解、欣赏文化产品或服务的一种能力。宏观层面来讲，是国家或区域对文化产品或服务的消费能力。这种文化资本依托于消费主体而存在，通过学习过程消化吸收，内化成为消费者的知识、教养、技能、趣味，是消费者"精神与身体的一个有机组成部分"，并通过消费过程展现出来。如果拥有这种形式的文化资本，个体通过理解即可消费文化商品，而不一定需要拥有某种物品才能消费，这也是文化消费与一般物品消费最大的区别。这种消费文化商品的能力可以通过家庭熏陶先天获得，也可以通过教育后天培养，还能通过各种文化参与活动和文化消费过程获得。表面上看，某些知识和技能是人类共同的精神财富，没有办法私有化①。但换个角度看，每一个人拥有的知识和技能又是绝对个体的，不同的家庭环境和教育背景，对同一文化内容的理解可能是完全不同的。这恰恰就是文化能力不同导致文化消费程度存在差异的具体体现。

文化资本 II 即文化资源，是客观存在的文化资本，包括有形存在的文化资本，例如祖先创造传承下来的文化遗产、建筑、书画作品和其他各种文化作品以及现代生产创造的艺术作品、音乐、书籍等各种类文化产品和文化商品等，这些物品都是文化内容的载体，作者通过这些具体的形式传达文化信息。此外，还包括无形存在的文化资本，例如各种民俗传统、价值体系、思想意识等。文化资源是各类文化消费的基础，诸如书画、艺术作品、音乐、书籍等各种文化作品和文化商品直接成为各级各类文化消费活动的消费对象，而文化遗产、各种民俗传统也成为文艺作品创作和文化产品创造的内容依托，丰富各种文化产品的内涵，提升文化产品的附加值，同时营造良好的文化氛围，影响人们的文化消费偏好。

---

① 朱伟珏. "资本"的一种非经济学解读——布迪厄"文化资本"概念 [J]. 社会科学，2005（6）：117–123.

二、文化资本促进文化消费

经上文的分析发现，包含文化能力和文化资源在内的文化资本对于文化消费存在显而易见的影响，可以将这种影响概括为文化消费的数量增进效应和文化消费的质量提升效应。

（一）数量增进效应

文化资本对于文化消费的作用主要体现在两个方面：一是文化能力的增强能促进文化消费需求的增加；二是丰富的文化资源提供了更广阔的消费选择空间，因而也能增加消费数量。

首先，文化能力（即文化资本 I）会影响文化商品或服务的消费需求。新古典经济理论中，价格（包括相关商品的价格）、收入、偏好、预期价格等因素被认为是影响商品消费需求的重要变量。文化商品或服务消费既有商品消费的一般特征，同时也有与众不同之处。这种独特性在于文化消费需要以相应的文化能力作为基础。同时，文化能力的增强也能促进文化商品或服务消费数量的增加。消费者文化能力的积累源于家庭影响、学校教育和后期的文化消费活动，个体的文化能力积累过程往往也伴随着文化消费活动。文化消费会形成习惯，前期的文化消费会促进后期的文化消费，甚至会"上瘾"。研究发现，在表演艺术（歌剧、古典音乐、爵士、古典和现代舞蹈等）和严肃戏剧（Throsby，1994）、电影（Cameron，1999；Yamanura，2009；Sisto & Zanola，2010）等领域都存在理性上瘾行为，这也是文化资本促进文化消费数量增加的结果。

其次，文化资源（即文化资本 II）的丰富能促进文化消费。随着经济的发展和科技的进步，人们的生产生活方式发生了显著的变化，满足精神文化需要的文化消费正日益成为人们消费的重心。文化消费需求的满足需要以多样化、个性化的文化商品或服务为基础，而丰富的文化商品和服务正是文化资源的范畴。丰富的文化资源为文化消费提供了广阔的选择空间。

如前分析，与一般商品消费不同，消费者从事文化消费活动时，消费的并非文化商品本身，而是透过文化商品载体传递出来的文化内容和文化内涵。例如，消费者阅读的是书籍传播的具体内容，而非书籍本身；消费者欣赏的是电视节目内容，而非电视机本身；消费者品鉴的是艺术作品传达出的艺术内涵和艺术信息，而非艺术品的物质载体；消费者参观文化遗产，汲取的是文化遗产蕴含的历史故事以及文化养分。尽管消费者消费的是文化内容，但是所有的文化内容也都必须通过一定的形式或载体体现出来；如果没有类似的载体，文化内容就没有办法呈现，二者是不可割裂的。而且，针对同一文化内容，通过不同方式、不同载体传递或传播，对于消费者而言可能是有差异的，这也推动了文化商品形式的多样化。这些传递文化内容的文化商品本身就直接表现为文化资本的客观形式，它们构成了文化消费的基础。

按照之前的界定，文化商品、文化作品、艺术作品等文化资源决定了文化消费的选择范畴，类似于文化商品或服务的供给。一般而言，文化资源越丰富，文化消费需求越多。首先，文化供给越多，消费者可以选择的文化商品或文化服务形式就越丰富，直接增加文化消费需求；文化供给越多，对文化产品市场价格冲击越大，间接影响居民的文化消费需求。其次，文化资本积累能形成良好的文化氛围，促进文化消费需求产生。一个社会的文化氛围是随着时间通过文化商品或服务的消费积累起来的。博物馆、图书馆、剧院等场所提供的各种各样的文化服务，文化遗产、绘画作品和音乐等文化资本的存在本身都形成良好的文化氛围。一般而言，个人效用与消费的文化商品或服务和文化氛围呈正相关。此外，文化资本的积累和文化氛围的形成还会产生一定的外部性，除带给周围人愉悦的享受，还能产生包括犯罪减少、社会和谐、创新能力增强等在内的强烈的社会效应，这其中当然也包括文化资本积累所带来的文化消费增加。可以说，文化资源的多寡和可得性决定了文化氛围的强弱和文化消费的数量高低。

文化资本的两种形态之间还存在相互影响。文化能力强则能促进富有内涵的文化商品生产，从而丰富文化资源，增加文化资本存量。文化消费尤其注重消费者的主观感受，体验性、互动性、沉浸式成为文化消费的主要特征。文化消费过程中，消费者往往也会加入自己的创意和想法，创造出个性化、差异化的独一无二的产品，此时的消费者既是文化消费主体，同时也是创作主体和生产主体，文化生产和文化消费融合在同一过程之中。文化资本丰厚者往往更能享受体验创作的过程，从而为微观主体带来更高的效用水平。文化创意产业从业人员也需要通过增加文化消费来不断汲取养分，获得更多的灵感和创作素材。在积淀了丰厚的文化资本之后，文化创意人员才能创作出内涵更加丰富、形式更加多样化的文化商品，这些文化商品丰富了文化资源数量，拓展了文化资本内涵，也进一步增加文化消费数量。

（二）质量提升效应

文化资本不仅对文化消费的数量增加产生影响，对文化消费的质量提升也存在不可忽视的作用。文化产业独特的"符号性"需要一定的文化能力做基础。只有具备了相应的文化能力，才能对文化内容进行"解码"，从而深入理解文化内涵，提高文化消费的质量[1]。一方面，文化产业的"符号性"要求相应的文化能力做支撑。美国语言学家罗曼·雅各布森（Roman Jakobson）认为"每一个信息都是由符号构成的"，文化创意产业领域尤其如此。文化创意成果通过一个个的形象符号承载传播，因而文化产业甚至被称为"符号产业"。符号存在明显的差异性特征，"不同地域、语言、文

---

[1] 此处主要考察文化能力的影响。

化和社会身份的个体和群体都有其自己的符号系统"①，符号也可以通过各种形式表现出来——或外显或内隐的形式，甚至随着社会的发展，符号的内容也会发生一定的变化，因而文化内容的消费需要一定的文化能力作为支撑。文化消费的产生有可能是"示范效应"或"攀比效应"的结果，如果消费是因为这种原因促成的，那么消费者能够从多大程度上理解文化内容是不确定的，文化消费质量也是难以保证的。但如果消费者拥有较好的文化素养，有艺术方面的专门熏陶或者受过良好的系统的教育，有更强的文化能力，则文化消费的质量显然会更高。

另一方面，文化能力显著提高文化内容的"解码"质量。按照斯图亚特·霍尔（Stuart Hall）的理论，文化内容产品的生产和消费实际上是一个"编码"和"解码"的过程。文化内容生产者按照一定的规则进行编码，受众或者说文化消费者按照一定的规则对符号进行解码。文化作品中所蕴含的社会历史信息或文化内涵都需要消费者具备一定的能力才能准确的识别和辨认，进而形成自己独特的认知。如果消费者受过良好的教育和专门的艺术训练培养，他们将能更好地领略文化消费商品或服务中传达的信息，或者说，能更好地"解码"文化商品或服务。因而对于文化消费主体而言，文化资本积累意味着更高的文化品位、更强的解码能力以及更高质量的文化消费。然而，因为个体的差异和知识结构的差异，"编码者"和"解码者"之间也会出现符码不对称的情况。而且根据斯图亚特·霍尔的研究，受众对于媒介文化产品的解释与其社会地位和立场存在对应关系②，这又与消费者的社会特征紧密相连。

在社会学的研究视角下，文化消费与社会阶层紧密联系在一起。阶层的区分不仅通过文化品位和所消费的文化产品体现出来，

① 安蓉. 基于知识转移理论的跨文化科学研究［J］. 科技进步与对策，2009（10）：14－116.

② 与观众在解读电视信息时的三种立场即主导—霸权立场、协商立场和对抗立场相对应，存在对于信息的三种不同解读方式："优势解读""协商解读"和"对抗解读"。

同时，还通过文化消费方式体现出来（Holt，1998）。拥有更高教育水平、更多文化资本的消费者对音乐有一种提前反射性（pre-re-flexive）的理解和享受能力，细分的文化资本在音乐欣赏过程中可以产生一种有意识的、解析的专家习惯（Rössel，2011）①，从而使消费者能更深入地聆听、理解、欣赏、回味其中蕴含的文化内涵，深度"解码"创作者所要传达的信息。因而可以认为，消费者所拥有的文化资本多寡和文化资本内容还影响着文化消费的模式，对于文化消费存在除去数量、质量之外更深的影响，这有待于进一步分析。

第二节 文化消费影响文化资本的机制

文化商品或服务消费作为一种消费类型，满足一般商品消费的基本特征，很多学者尝试从收入、价格和偏好等角度入手探索文化消费的特性。在这种文献分析中，收入因素和价格因素一般都可度量，可纳入经济学框架进行分析，但偏好属于心理学范畴，很难对其进行准确的界定。很多分析假设消费者偏好是稳定的，所以通常在分析中是忽略掉偏好影响的。但实际上根据文化消费的特性，文化消费过程会产生文化存量，文化存量对于后期消费又是有影响的。这种文化存量，表现为欣赏文化商品或体验文化服务的能力，也就是笔者之前界定的文化资本 I。因为文化资本的内生影响，"与戈森边际效用递减规律不同，文化产品显示出随时间变化边际效用递增的特点"（Van der Ploeg，2006）②，这一特点强化了文化消费。

① Rössel J. Cultural Capital and the Variety of Modes of Cultural Consumption in the Opera Audience [J]. The Sociological Quarterly, 2011, 52 (1): 83–103.

② Alderighi M, Lorenzini E. Cultural Goods, Cultivation of Taste, Satisfaction and Increasing Marginal Utility During Vacations [J]. Journal of Cultural Economics, 2012, 36 (1): 1–26.

一、文化资本积累方式

文化资本积累首先表现为文化资本Ⅰ即文化能力的积累。文化能力积累方式主要有以下三种：（1）家庭。皮埃尔·布尔迪厄认为，文化资本的形成和积累主要来自前期家庭的影响和后期的教育。家庭对文化资本积累的影响主要体现在以下三个方面：一是父母遗传给子女某一方面的天赋，例如父母都是音乐人，小孩也遗传有音乐方面的基因，乐感明显高于平均水平；二是家庭文化活动形成的文化氛围对子女潜移默化的影响；三是有意识的家庭早期教育。（2）教育。关于教育的划分是多样化的，此处所讲的教育包括以下两种：一是来自学校的基础教育和提升性教育，包括九年制义务教育、高中、本科、研究生教育等；二是来自各类专门院校的专业教育，例如在戏剧学院、舞蹈学院、美术学院等专业院校接受的各种专门性教育。（3）文化消费活动。严格意义上说，教育活动也是一种文化消费活动。除此之外，兴趣班等各种业余艺术培训以及社会培训、参加的各种社会文化活动、自身的文化消费经历等都是文化能力的来源。

上述文化能力积累伴随个体的发展，贯穿人生的不同阶段。例如家庭对文化能力的影响更多集中在童年，教育集中影响个体的青年阶段，而文化消费活动贯穿人的一生。V. 阿塔加－阿梅斯图伊（V. Ateca－Amestoy）区分了不同阶段的文化资本积累，他认为，从儿童时期积累的文化资本，能促进文化商品的消费；但是在成年阶段基于兴趣积累起来的文化资本，比那些从童年时期即开始的人能累积更多的文化资本[1]。而成人阶段文化资本的积累更多是通过文化消费的方式获得。因而可以看出，文化消费活动对于文化能力

---

[1] Ateca－Amestoy V. Determining Heterogeneous Behavior for Theater Attendance [J]. Journal of Cultural Economics，2008，32（2）：127 –151.

的提升具有积极作用。值得说明的是，文化资本积累是一个动态过程，文化资本持有者通过自身的实践活动实现资本的增殖，但文化资本积累程度与个体的基础文化能力如智力天赋、记忆力和理解力等又有很强的关联性。

文化资本的积累还表现为文化资本Ⅱ即文化资源的积累。戴维·思罗斯比（2005）认为，文化资本存量（不论是有形的还是无形的）都包含着那些从祖先继承而来并传递给下一代人的文化，人类通过文化的可持续性完成文化资本的积累[①]，这种持续性建立在文化资源不断被创造的基础之上。根据戴维·思罗斯比关于文化资本存量测度的方法，初始文化资本存量为 K_t，折旧率为 d_t，维持投资为 I_{mt}，新增投资为 I_{nt}，新一期的文化资本存量用公式表示为：$K_{t+1} = K_t + (I_{mt} - d_t K_t) + I_{nt}$。按照经济学理论，投资超过折旧的部分，即净投资大于零，则新一期文化资本存量进一步扩大化，文化资本得以积累。从西方经济理论出发，投资需求是引致性需求，消费需求才是最根本的需求，因而，文化消费是推动更多文化资本积累的强大动力。异质性的文化需求要求多样化的文化供给，为满足人们的精神文化需求，包括书籍、音乐、戏剧作品等在内的各式各类的文化作品被创造出来。为满足深化的文化需求，文化内容与科技手段密切结合，以全新的形式呈现出来，极大地丰富了文化资本的内涵。

文化能力与文化资源之间存在相互作用。通过文化消费活动，微观个体消化吸收文化载体所呈现的文化内容，将其内化为自身理解和欣赏文化作品的能力，实现文化资本的初步积累。消费者以文化资本为基础，一方面形成新的文化消费需求，另一方面同时作为生产主体创造出更丰富的文化作品，实现文化资本的再一次积累。

---

① Throsby C D. On the Sustainability of Cultural Capital［R］. Sydney：Macquarie University, Department of Economics, 2005.

二、文化消费与文化资本积累

文化消费对于文化资本积累的影响是通过两重效应产生的：一是通过消费者自身的文化消费过程，消费者不断学习，不断积累起相应的文化资本，这是文化资本积累的"自效应"；二是消费者通过文化消费活动为外界营造出良好的文化氛围，促进他人的文化消费，从而促进社会文化资本的积累，这是文化资本积累的"他效应"。文化消费活动正是借由这两重效应积累起文化资本。

1. "消费中学习"与文化资本积累

文化产品一般被认为是纯粹的生活消费品（consumer goods），文化产品消费主要是为实现效用的增加。文化产品最与众不同的特征在于消费者必须学会怎么去消费它们，也就是说，消费者必须通过"消费中学习"（learning-by-consuming）的过程或者品味培养（cultivation of taste）的过程以能完全感知、享受文化产品或服务带来的愉悦（McCain，1979，1981；Levi Garboua & Montmarquette，1996；Ulibarri，2005；Brito & Barros，2005）。在文化消费初期，消费者对于自身的品位是不确定的，需要通过消费体验过程逐渐认清自己的主观偏好结构。消费体验过程会产生或正面或负面的反馈，接收到正反馈的消费者可能会增加某种商品或服务的未来消费，而那些接收到负反馈的人会减少某种商品或服务的未来消费。也正是通过这个消费体验过程接收到的正负反馈来决定未来文化消费的种类和数量，从而逐渐形成消费者自身稳定的偏好结构。

M. 奥尔德雷（M. Alderighi）和 E. 洛伦齐尼（E. Lorenzini）认为，"消费中学习"理论中所提到的消费体验只是起到揭示消费者主观偏好的作用，现在消费并不对未来消费的效用产生直接影响。

即使消费者是向前看的，他们也仅仅只是关注现在的消费①。但实际上，消费者通过文化消费活动中的学习体验过程能够明确自身的偏好，逐渐形成完善的文化消费偏好结构，同时实现与此相关的文化资本积累。在这个过程中，文化消费的作用是不言而喻的。正是通过文化产品的曝光和消费，增加了消费者未来欣赏文化产品的能力。人们投入越多的时间在文化产品消费上，获得越大的文化存量，也将倾向于在未来消费更多的文化产品。

文化消费的过程也就是文化品位培养的过程，也是文化资本积累的过程，这个过程与一般教育活动是很难区分开的。但文化资本概念只讲求效用的提高，消费者将时间和资源投入到文化内容的消费上，除了效用水平的提升，并没有期待能够获得任何收入的增加，这是文化资本与人力资本和社会资本的重要区别。

2. 外部性与文化资本积累

"文化并非供我们'消费'的某种现成物，而是我们在各种文化消费实践中所生产之物。消费是文化的生产"②。文化消费的过程本身也是文化生产的过程以及文化资本积累的过程，文化资本的积累和增加部分很大程度上是由文化消费的正外部性③所带来的。在一个经济体内，经济主体的行为不可避免地会影响到社会中的其他人，经济主体的行为也不可避免地会受到其他经济主体的影响，

---

① Alderighi M, Lorenzini E. Cultural Goods, Cultivation of Taste, Satisfaction and Increasing Marginal Utility During Vacations [J]. Journal of Cultural Economics, 2012, 36 (1): 1 - 26.

② ［英］约翰·斯道雷. 记忆与欲望的耦合——英国文化研究中的文化与权力 [M]. 徐德林，译. 桂林：广西师范大学出版社，2007：110.

③ 正外部性即外部经济，《新帕尔格雷夫经济学大辞典》对"外在经济"进行了界定，"外在经济（不经济）或生产中的正的（负的）外在效应，是一个生产者的产出或投入对另一个生产者的不付代价的副作用。""某些时候，外在经济也指消费活动，或对消费活动的不花代价的副作用。但是，这个意思在这里不加考虑。"来源：［英］约翰·伊特韦尔等. 新帕尔格雷夫经济学大辞典（第二卷）[M]. 陈岱孙，等，译. 北京：经济科学出版社，1992：280.

文化消费活动也不外如是。消费者经常去博物馆参观、图书馆阅读、剧院看芭蕾舞剧等文化消费活动，除去消费者自身能因此积累丰富的文化资本外，同时还能营造良好的文化氛围，或者通过"示范效应"吸引其他人参与到文化活动中去。

文化氛围是一种无形和应折旧的资产，它是社会资本的一种形式（Becker，1998；Cheng，2006），而"社会资本对个人是一种重要的资源，它可以极大地影响他们的行动和对生活品质的感知"（Coleman，1990）。一般而言，文化资本越强，文化商品或服务消费增加的可能性就越大；文化商品或服务消费的越多，文化氛围就更有可能被营造出来，从而为社会带来的外部性就越强。社会的文化氛围更多是通过文化服务消费的方式积累而来，并随折旧减少。以文化资本（例如文化遗产、图书、歌剧等）为基础，相关文化服务提供部门（例如博物馆、图书馆、歌剧院等）提供文化服务，个人通过文化服务消费积累起文化资本。文化服务消费也会营造出一定的文化氛围，产生外部性，带动更多的文化消费。除此之外，文化氛围还能鼓励人们产生更多的创意，为社会和市场提供更多的文化资源。

S. W. 成（S. W. Cheng）区分了文化的四个方面，并将文化商品、文化服务、文化资本和文化氛围模型化（见图4-1）。他认为，通过文化氛围的积累过程和新文化产品的创新，可以刷新文化资本存量，最终影响个人的福利[1]。显然，在这个动态过程中，个人效用受他们所消费的文化服务、创造的文化产品、社会的文化氛围以及所积累的文化资本的积极影响。个人不一定能够意识到文化服务消费和文化产品创新通过积累文化氛围和文化资本的形式为他人带来的积极外部性，但这种外部性真实存在。

---

[1] Cheng S W. Cultural Goods Creation, Cultural Capital Formation, Provision of Cultural Services and Cultural Atmosphere Accumulation [J]. Journal of Cultural Economics, 2006, 30 (4): 263-286.

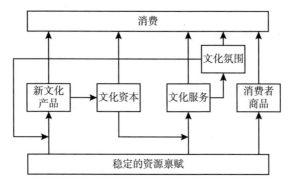

图 4 - 1　文化产品、文化服务、文化资本和文化氛围关系

资料来源：Cheng S W. Cultural Goods Creation, Cultural Capital Formation, Provision of Cultural Services and Cultural Atmosphere Accumulation [J]. Journal of Cultural Economics, 2006, 30 (4): 263 - 286.

正是因为文化消费存在外部性，从而导致文化氛围和文化资本积累的不足（Cheng, 2006）。大多数文献都认为，市场失灵可以通过引入合适的庇古税或补贴机制予以矫正，从而实现外部性的内部化，文化消费领域同样如此。政府可以对文化商品进行适当补贴，以保障文化商品的供给，刺激消费者对文化商品的需求，最终促进文化资本的积累[1]（Pethig & Cheng, 2000）。我国现行的公共文化服务体系建设就是通过文化领域公共物品的提供来弥补私人文化消费的不足，与此同时营造良好的文化环境，促进文化消费行为的发生。

第三节　文化资本与文化消费作用的模型分析

根据前两节的分析，初始文化禀赋及过去文化商品或服务的消费

---

　　[1]　Pethig R, Cheng S W. Cultural Goods Consumption and Cultural Capital [J]. Culture, 2000 (10): 1 - 22.

经历形成文化资本积累，这种特定知识和技能又会影响未来的文化商品或服务消费，从而文化资本与文化消费之间形成一种相互作用、互相促进的关系，即：文化资本丰富—文化消费需求增加—文化资本积累—文化消费进一步增加等。文化资本丰富能更好地消费文化商品和服务，会产生对文化消费的高需求；同时文化消费的过程也是一个文化资本不断积累的过程，文化资本的积累会产生对于未来更高的文化需求。根据前面两节的分析，绘制文化资本与文化消费的影响机制图（见图4-2）。

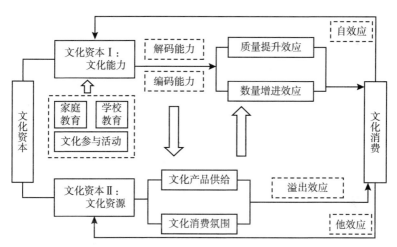

图4-2　文化资本与文化消费作用机制

资料来源：笔者整理。

基于上述分析，利用模型进一步探讨。本节借鉴 P. 布里托（P. Brito）和 C. 巴罗斯（C. Barros）的模型①，考察微观经济环境中消费者的文化商品消费行为与文化资本存量积累等相关命题。考

————————

① Brito P, Barros C. Learning – by – Consuming and the Dynamics of the Demand and Prices of Cultural Goods［J］. Journal of Cultural Economics, 2005, 29（2）: 83 – 106.

虑两种商品的消费行为，一种是文化商品消费，另一种是非文化商品消费。文化商品消费过程会产生文化资本，虽然文化资本存在折旧（折旧率为 ρ，其中，$\rho>0$），但是消费者可以通过不断的文化商品消费来增加文化资本存量。给定消费者初始文化资本存量为 k_0，第 t 期（$t>0$）的文化资本存量可以表示为：

$$k(t) = k_0 e^{-\rho t} + \int_0^t \rho c(\tau) e^{-\rho(t-\tau)} d\tau \quad (4-1)$$

消费者效用水平的提升不仅源于对当前文化商品和非文化商品的消费，而且也取决于过去文化商品消费所积累的文化资本存量。假定代表性消费者的效用来自文化商品消费 $c(t)$、非文化商品消费 $g(t)$ 以及文化资本存量 $k(t)$，则消费者的即期效用函数表示为：

$$v(c(t), g(t), k(t))$$

考虑时间约束，未来效用通过时间偏好的心理贴现率（$\delta>0$）贴现。

$$V(c, g) = \int_{t_0}^{+\infty} v(c(t), g(t), k(t)) e^{-\delta t} dt \quad (4-2)$$

将式（4-1）代入式（4-2）可以得到消费者跨期效用函数：

$$V(c, g) = \int_0^{+\infty} v(c(t), g(t), k_0 e^{-\rho t} + \rho \int_0^t e^{-\rho(t-\tau)} c(\tau) d\tau) e^{-\delta t} dt$$
$$(4-3)$$

此外，消费者效用最大化受制于如下的跨期预算约束：

$$a(t) = a_0 e^{rt} + \int_0^t (w - g(\tau) - \pi(\tau)c(\tau)) e^{r(t-\tau)} d\tau \quad (4-4)$$

其中，$a(t)$ 为消费者的财富水平；a_0 为初始财富值，给定为常数；r 为利率水平；w 为工资收入；假设非文化商品为单位价格，则在非文化商品上的即期消费为 $g(t)$；$\pi(t)$ 为文化商品的相对价格（相对于非文化商品），$\pi(t)c(t)$ 为文化商品上的即期消费支出。从式（4-4）可以看到，消费者财富 $a(t)$ 的增长源于初始财富水平与工资收入之和超过两种商品消费支出部分。预算约束中，消费者的财富状况满足非蓬齐条件（non - Ponzi game condition），即无穷远期资产现值大于等于 0，表示成：$\lim_{t\to\infty} e^{-rt}a(t) \geqslant 0$。

　　文化商品需求行为与效用函数假设相关。基于已有学者对消费问题以及文化消费特征的研究，首先假设无论是文化商品消费，还是非文化商品消费都能带来效用增加，即 $v_c > 0$，$v_g > 0$。与非文化商品消费不同，文化商品消费本身能产生效用，同时通过这个消费过程还能培养消费者的文化品位，提升消费者的文化能力，累积起文化资本存量。文化资本存量也能为消费者带来正效用，即 $v_k > 0$。在此基础上，延续新古典主义关于效用函数的界定，假设包括文化商品消费量、非文化商品消费量和文化资本存量在内的效用函数为凹函数，即边际效用是递减的，用公式表示为 $v_{cc} < 0$、$v_{gg} < 0$、$v_{kk} < 0$[①]。关于效用函数的上述假设主要针对消费者一期消费行为。在此基础上，消费者可以选择跨期消费路径从而实现消费者终生效用最大化，跨期消费者效用函数如式（4 - 3）所示。为简化计算，假设对于任意时期 t，有 $c(t) = \bar{c}$，$g(t) = \bar{g}$，对效用函数式（4 - 3）求导，即可得到跨期边际效用：

$$V_c(\bar{c},\ \bar{g}) = \frac{1}{\delta}\left(\bar{v}_c + \frac{\rho}{\rho+\delta}\bar{v}_k\right) > 0 \qquad (4-5)$$

$$V_g(\bar{c},\ \bar{g}) = \frac{\bar{v}_g}{\delta} > 0 \qquad (4-6)$$

其中，$\bar{v}_j = v_j(\bar{c},\ \bar{g},\ \bar{k})$，$j = c,\ g,\ k$。从式（4 - 5）、式（4 - 6）发现，文化商品消费和非文化商品消费的跨期边际效用均为正值，这表明消费者对文化商品和非文化商品消费具有非饱和性，消费者不存在固定期限内的最大商品消费量，因而消费者的跨期效用只需将各期边际效用现值加总，就可度量因为消费量变化而产生的效用变化。即期效用函数的凹性也暗示着文化商品消费的跨期边际效用递

---

　　① 此外还有 $v_{(c,g)} \geqslant 0$，$v_{(c,k)} \geqslant 0$，$v_{(k,g)} \geqslant 0$，$v_{(c,g,k)} \leqslant 0$，其中 $v_{(i,j)}$ 表示 v 关于 i 和 j 两个变量的 Hessian 矩阵。

减。即：

$$V_{cc}(\bar{c},\ \bar{g}) = \frac{1}{\delta}\left[\bar{v}_{cc} + \frac{\rho}{2\rho+\delta}\left(\bar{v}_{kc} + \frac{\rho}{2\rho+\delta}\bar{v}_{kk}\right)\right] < 0 \quad (4-7)$$

也就是说，尽管文化商品消费的稳定增加会导致跨期效用的增加（$V_c > 0$），但是这种效用增加的幅度却是递减的（$V_{cc} < 0$）。

通过文化商品消费累积文化资本的机制已经在上一节分析过，但是具体到数学模型中，若效用函数表现出有界相邻互补性，则可被定义为存在"消费中学习"过程。消费者通过文化消费过程累积文化资本，增加文化资本存量。

若文化商品"消费中学习"的过程中存在有限相邻互补性，即：

$$0 < v_{kc} + \frac{\rho}{2\rho+\delta}v_{kk} < -\left(\frac{\rho+\delta}{2\rho+\delta}\right)v_{cc} \quad (4-8)$$

对式（4-8）进行适当变形，转换成式（4-9）：

$$\Upsilon = (\rho+\delta)v_{cc} + (2\rho+\delta)v_{kc} + \rho v_{kk} < 0 \quad (4-9)$$

在文化商品的跨期消费过程中，本期消费增加与近期文化消费增加之间正相关。近期经历的学习过程、增加的文化消费能够积累更多的文化资本[①]，能促进更多的即期文化消费。可以说，短时间内文化商品消费存在跨期互补性。因为消费者在缓慢调整的过程中逐渐形成文化资本积累，逐渐增加文化消费，甚至可以说，文化消费是一种温和的上瘾行为。

因此，在文化商品跨期消费中，前期文化消费对未来文化消费存在的互补性的影响，归根结底还是基于文化资本的作用。非文化商品消费与文化商品消费的最大差别就在于前期非文化商品消费与本期非文化商品消费之间是独立的，不存在跨期互补性。同样地，文化商品消费量、文化资本存量与非文化商品消费量之间也是跨期独立的，因而我们假设：$v_{cg} = v_{kg} = 0$。如果该假设成立，则可把效用函数拆分为文化商品消费效用函数和非文化商品消费效用函数，

---

① 当然，过去的文化消费经历在积累文化资本的同时，也会存在文化资本折旧，但是总体而言会造成文化资本的增加。

即将效用函数变为：$v = v(c, k) + u(g)$。

假定价格、利率、工资为外生变量，而且时间偏好率等于实际利率水平，即 $\delta = r$。假定代表性消费者完全理性，能够完全预期外生变量 w、r、π 的决定路径。

首先就式（4-1）对时间进行微分，得到：

$$\dot{k}(t) = \rho[c(t) - k(t)] \tag{4-10}$$

同样对式（4-4）进行微分，得到：

$$\dot{a}(t) = w - g(t) - \pi c(t) + ra(t) \tag{4-11}$$

消费者可利用全部可得信息，计算出使效用函数 $V(c, g)$ 最大化的最优消费量。由庞特里亚金的最优控制极大值原理，可以得到最优的消费路径 $\hat{c} = \{\hat{c}(t), 0 \leqslant t < \infty\}$ 以及 $\hat{g} = \{\hat{g}(t), 0 \leqslant t < \infty\}$，对任意一期 t 都存在：

$$v_c(\hat{c}(t), \hat{k}(t)) + \rho p_k(t) = \pi p_a(t) \tag{4-12}$$

$$u'(\hat{g}(t)) = p_a(t) \tag{4-13}$$

式（4-12）、式（4-13）为汉密尔顿一阶条件。其中，$p_k(\cdot)$ 和 $p_a(\cdot)$ 是与文化资本存量和金融财富相关的共态变量（co-state variables），相当于文化资本存量和金融财富的影子价格。消费者的最优消费策略是使从消费中获得的边际效用等于边际成本。其中，式（4-12）代表文化商品消费的边际效用等于边际成本，而式（4-13）则表明非文化商品消费的边际效用等于边际成本，即期效用函数 $v(\cdot)$ 的凹性是确保此为最优解的充分必要条件。由此可以得到最优文化商品消费数量是文化资本存量和金融财富影子价格 p_k 和 p_a、文化资本存量 k 以及文化商品相对价格 π 的函数，表示为：$\hat{c} = \hat{c}(p_k, p_a, k, \pi)$。对式（4-12）求导得到下式：

$$\hat{c}_{p_k} = -\frac{\rho}{v_{cc}} > 0 \tag{4-14}$$

$$\hat{c}_{p_a} = \frac{\pi}{v_{cc}} < 0 \tag{4-15}$$

$$\hat{c}_k = -\frac{v_{ck}}{v_{cc}} > 0 \qquad\qquad (4-16)$$

$$\hat{c}_\pi = \frac{p_a}{v_{cc}} < 0 \qquad\qquad (4-17)$$

即文化商品的短期最优需求是文化资本影子价格和文化资本存量的增函数（式（4-14）、式（4-16）），也是财富影子价格和文化商品相对价格的减函数（式（4-15）、式（4-17））。具体而言，式（4-14）考虑文化资本影子价格的惯性影响，也就是说文化资本的增量价值为文化消费需求带来的是正效应；式（4-15）和式（4-16）涉及跨期选择的问题，在给定资源水平的情况下，文化商品消费数量和文化资本存量之间存在跨期互补性，文化资本存量增加可能会促进文化商品消费增加，文化商品消费增加也能累积新的文化资本存量。但是现在消费和未来消费之间存在替代性，现在文化消费增加，减少财富积累，减少未来文化消费；反之，现在文化消费减少，财富积累增加，能够在未来消费更多的文化商品或服务。式（4-17）是即期收入效应，π 为文化商品相对于非文化商品的价格，在收入既定的情况下，二者的消费数量此消彼长，文化商品相对于非文化商品价格上升，对文化商品的需求量减少，二者之间存在替代效应。此外，文化商品的价格相对上升会使实际财富水平降低，从而导致文化商品和非文化商品消费数量的同时减少，即经济学中的收入效应。

就非文化商品消费而言，在给定的资源水平，$\hat{g} = \hat{g}(p_a)$，并且 $\hat{g}_{p_a} = \frac{1}{u''} < 0$。可见，财富的影子价格水平对非文化商品消费影响是负向的，非文化商品消费存在当前消费和未来消费的跨期替代效应。

在给定初始禀赋水平 $k(0)$、$a(0)$ 以及状态变量有界时，经济中的均衡（也即对动态需求模型的最优解）通过下列非线性微分方程求解出来。

$$\dot{p}_k(t) = (\delta + \rho)p_k(t) - v_k(\hat{c}(t), \hat{k}(t)) \qquad (4-18)$$

$$\dot{p}_a(t) = (\delta - r)p_a(t) \qquad (4-19)$$

$$\dot{k}(t) = \rho(\hat{c}(t) - \hat{k}(t)) \qquad (4-20)$$

$$\dot{a}(t) = w - \hat{g}(t) - \pi\hat{c}(t) + ra(t) \qquad (4-21)$$

前两个方程（式（4-18）、式（4-19））可以被解释成两种存量之间的最优套利关系。将式（4-18）变形成：$v_k(\hat{c}(t), \hat{k}(t)) + \dot{p}_k(t) = (\delta + \rho)p_k(t)$，该式意味着，文化资本存量的边际效用加上其价值的增加应该等于时间偏好率与文化存量折旧率价值的总和；将式（4-19）调整成 $\frac{\dot{p}_a(t)}{p_a(t)} + r = \delta$ 后发现，从家庭金融资产中提取的总收入（利率加上资本获得）应该等于时间偏好率。

当系统达到平稳状态（$\bar{p}_k$，$\bar{p}_a$，$\bar{k}$，$\bar{a}$；$\bar{c}$，$\bar{g}$）时，均衡条件各方程式（4-18）~式（4-21）的值均等于0。其中，式（4-19）因为 $\delta = r$ 的设定，该方程式值为0。由式（4-18）可以得到：

$$v_k(\bar{c}, \bar{k}) = \bar{p}_k(\delta + \rho) \qquad (4-22)$$

式（4-22）意味着文化资本存量的边际效用与其资本化的价值相等，将其进行转换，可等价于 $V_c(\bar{c}, \bar{g}) = \pi V_g(\bar{c}, \bar{g})$，这与静态模型的最优条件相同。即在稳定状态下，每单位支出从文化商品消费中获得的效用等于从非文化商品消费中获得的效用。

当状态变量文化资本存量不随时间变化，达到一种相对稳定的状态，此时 $\dot{k}(t) = 0$，即：

$$\bar{c} = \bar{k} \qquad (4-23)$$

式（4-23）表明均衡条件下文化商品消费量等于文化资本存量，这是理性消费者在限制条件下做出的最优选择。式（4-23）是在线性条件下得到的结论，若设定为非线性，则长期中对文化商品的需求应是文化资本存量的函数。在等式（4-1）的线性设定下，文化商品是一种纯粹的消费商品，这也是文化资本与人力资本的显著不同。

根据式（4-21），当消费者的家庭财富相对稳定，不再随时间变化时，则得到：

$$w + r\bar{a} = \bar{g} + \pi\bar{c} \qquad (4-24)$$

式（4-24）左边代表家庭的财富总额，包括工资收入和财富现值；等式（4-24）右边代表家庭的文化商品消费支出和非文化商品消费支出，其中非文化商品为单位价格，式（4-24）意味着消费者的工资收入和资本总和与支出相当。

在上述结论的基础上，对等式（4-12）和等式（4-13）进行调整，可得：

$$p_k(t) = \frac{1}{\rho}\left[\pi u'(\hat{g}(t)) - v_c(\hat{c}(t), \hat{k}(t))\right]$$

代入式（4-22）进行全微分，调整得到：

$$\frac{\partial \bar{g}}{\partial \bar{k}} = \frac{\Upsilon}{\pi(\rho+\delta)u_{gg}}$$

式（4-9）设定 $\Upsilon < 0$，且 $u_{gg} < 0$，所以 $\frac{\partial \bar{g}}{\partial \bar{k}} > 0$。因存在 $\bar{c} = \bar{k}$，从而也得出 $\frac{\partial \bar{g}}{\partial \bar{c}} > 0$。这意味着，文化资本存量的稳态值变化能带来非文化商品消费的稳态值相应变化，二者遵循同一个变化方向。因为稳态时文化消费量与文化资本存量相等，因而，文化商品消费量稳态值与非文化商品消费稳态值也同方向变化。文化资本存量的稳态值越高，则非文化商品消费量的稳态值就越高。

同样，对式（4-24）进行全微分，计算得出：$\frac{\partial \bar{a}}{\partial \bar{k}} = \frac{1}{\delta}\left(\pi + \frac{\partial \bar{g}}{\partial \bar{k}}\right) > 0$。类似地，这说明文化资本存量的稳态值对于消费者财富的稳态值也是正向的影响，若文化资本存量的稳态值提高，则家庭财富的稳态值也是提升的。

之前假设文化商品消费、非文化商品消费和文化资本存量增加都能带来消费者效用水平提升，经过推导研究，得出以下结论：第一，文化资本与文化商品消费数量之间存在交互影响。文化资本存量的影子价格越高，重新配置的机会成本越大，则对消费者的文化消费需求影响越大。在资源水平给定的情况下，文化商品消费与文化资本存量之间存在跨期互补性，文化资本存量增加能提高文化商品消费量。如若消费者通过前期积累拥有较高的文化资本存量，对音乐、书画等文化消费领域有独特的文化品位和文化能力，则消费者会产生对于文化消费的更高需求。与此同时，模型也设定文化资本存量的获得与文化商品消费数量有关。因而，文化资本存量与文化商品消费数量之间具有双向交互作用。第二，文化商品的消费数量与财富有关。一方面，文化商品消费量与财富的影子价格是反向关系。财富的影子价格高，则文化商品消费支出的机会成本越大，自然文化商品消费数量就会减少；另一方面，从财富积累的角度讲，文化商品各期消费之间存在替代性，当前文化消费增加，财富积累减少，未来文化消费也可能会减少。第三，文化商品的消费数量与相对价格成反比。文化商品相对于非文化商品的价格越高，文化商品的消费数量越少，文化商品消费数量与文化商品相对于非文化商品的价格成反比。

当设定的动态模型达到稳定状态时，所有的财富全部用于文化商品和非文化商品消费，预算刚好全部支出；均衡时文化商品消费和非文化商品消费每单位支出所带来的效用相等，类似于消费者效用最大化的静态最优条件。而就稳态值的影响来看，文化资本存量的稳态值增加能带来非文化商品消费量的稳态值相应上升；同样，文化资本存量稳态值上升对于消费者的财富稳态值也是正向的影响。与此同时，结合均衡时文化资本存量与文化商品消费量相等的结论，如果稳态时的文化商品消费量和文化资本存量水平更高，则也会带动稳态时非文化商品消费量和稳态财富值的提升，这与文化商品消费和文化资本存量的外部性密切相关。

第四节　本章小结

在对已有研究进行梳理、对现实进行洞察的基础上，本章重点研究文化资本与文化消费的互动影响机制，从理论上探讨二者之间的相互作用关系。

首先，本章基于文化资本内涵的界定，将文化资本形态区分为文化资本Ⅰ（即文化能力）和文化资本Ⅱ（即文化资源）两种，以便进一步分析不同形态的文化资本对于文化消费的影响。本书将文化资本对于文化消费的影响效应概括为数量增进效应和质量提升效应两个方面，其中文化能力和文化资源两种不同形态的文化资本都会对文化消费产生数量增加和质量提升方面的作用。

其次，家庭、教育和文化消费活动是积累文化资本的重要方式，尤其是文化消费活动，贯穿人的整个生命周期，成为消费者积累文化资本的重要方式。与此同时，通过消费的引致需求作用，包括各种文化产品和服务的文化资源也得以积累。文化消费对于文化资本的影响主要产生于两种效应：一是自效应，消费者通过文化消费过程和不断学习，积累起相应的文化资本；二是他效应，消费者通过文化消费活动为外界营造出良好的文化氛围，促进他人的文化消费，从而促进社会文化资本的积累。

基于上述的理论分析，本章借用动态模型考察了微观经济环境中消费者的文化商品消费行为与文化资本积累等之间的关系。研究发现：在资源水平给定的情况下，文化商品消费与文化资本存量之间存在跨期互补性，文化资本存量增加能提高文化商品消费量；文化商品消费量与财富的影子价格是反向关系；文化商品各期消费之间存在替代性，即期文化消费增加，可能会减少未来文化消费；文化商品消费与文化商品相对于非文化商品的价格成反比。当设定的动态模型达到稳定状态时与消费者效用最大化的静态最优条件相似。就稳态值而言，文化资本存量的稳态值增加能带来非文化商品消费量的稳态值相应上升；文化资本存量稳态值上升对消费者的财富稳态值也是正向影响，也会带动稳态时非文化商品消费量和稳态财富值的提升，这与文化商品消费和文化资本存量的外部性密切相关。

第五章

文化能力与文化消费：微观视角

第一节 相关理论基础

结合第四章的文化资本界定，这里将消费者的文化能力归为文化资本Ⅰ，是文化资本的重要组成部分。微观个体通过教育、社会化过程以及文化消费实践活动等方式累积起理解和欣赏文化产品的品位和能力，这种内化的文化资本与特定的个体紧密联系在一起，不可分割。个人可以从物质形态上占有某种文化商品，但是若个体缺乏相应的鉴赏能力，这种商品的文化价值也并不能真正被认识。也正是从这个意义上说，文化能力是文化消费的基础，这也是本章所要研究的基本内容。

一、文化能力的来源

文化能力的来源是多渠道的，既有来自遗传的天赋，来自家庭氛围的熏陶和家庭教育的培养，也可能来自学校的基础教育和专业学校的艺术教育，还包括来自社会的影响以及后天的文化消费实践。皮埃尔·布尔迪厄（1997）认为，文化能力的获得主要有两种方式：一是通过"年幼时期的家庭体验获得"，在人们"还未形成意识"的时候就已经开始产生作用了，这是基于家庭环境和氛围的影响。书香门第或艺术世家的小孩往往有更多的机会接触各种文化作品，这种机会对于审美能力的形成和文化品位的提高具有不可忽视的作用；二是通过"系统、速成的学习方式"获得，这是对人们进行的有意识的后期培训。学校是家庭之外最重要的产生文化资本的场所，只不过与家庭的个性化教育不同，学生在学校接受的是集体教育和通识教育，通过学校教育获得系统性、专业性的知识和技能，学生所学会的知识也会通过考试的形式得到社会的承认，并且以文凭的形式制度化。

以此为基础，将文化能力的获得分为家庭影响（包括家庭环境、家庭氛围和家庭的初期教育等）和教育影响（包括正规的通识教育、专业的艺术教育和社会教育等）两种方式，这两种方式相互独立，同样构成文化能力获得的重要方式；同时又相互作用，或阻滞、或强化另外一种方式对文化能力培养的重要作用。如果家庭教育与社会教育一致，则在家庭中所形成的"惯习"（habits）在学校会被肯定，使文化能力在既有的方向上不断积累；如果家庭教育与社会教育不一致，之前的"惯习"不能得到认可，则会在学校获得全新的教育，形成一种新的"惯习"，这就是社会化的过程，这也是获得全新的文化能力的过程。可见，文化能力的获得受到家庭和社会的双重影响。初期家庭教育与后期学校教育或社会教育的影响力大小，取决于学校教育对家庭教育获得"惯习"的态度。"惯习"不是单纯的个人行为，它包含着社会、历史等文化因素的积淀，这也是性情、兴趣、爱好等经久不变的原因。

（一）家庭与文化能力获得

文化资本具有历史性，获得并积累文化资本需要一定的条件。家庭和个体的背景不同，获得文化资本的机会也存在差异。大量研究表明，文化资本有非常强的代际传递作用，家庭中父母的文化资本会通过各种途径影响下一代子女的文化能力获得。首先，父母丰富的文化资本会在家庭生活中被子女内化，这种内化的过程本身即是文化资本的积累过程，这种内化的结果使子女能够更加轻松地获得更加丰富的文化资本。例如，家庭里钢琴、绘画、舞蹈等文化艺术活动能够对子女进行熏陶，通过耳濡目染的方式内化成为子女的艺术素养和文化品位，这是家庭文化资本对子女文化资本提升的直接作用。其次，家庭父母教育程度较高，拥有的文化资本比较丰厚，这种"家庭文化资本上的优势可以通过潜移默化的方式强化子代在教育获得中的成就动机"（方长春、风笑天，2008）①，促使子女去追求更高的教育等级，这种追求过程本身即可带来成就感，提升效用水平。这是家庭文化资本对子女文化资本提升的间接作用。从直接和间接两个方面着眼，都发现家庭在文化资本获得方面不可或缺的作用。

因而，"在剔除了经济位置和社会出身的影响后，那些来自更有文化修养家庭的学生，不仅有更高的学术成功率，而且在几乎所有领域中，都表现出了与其他家庭出身的学生不同的文化消费和文化表现类型"②（Bourdieu，1998）。L. 特拉蒙特（L. Tramonte）和J. D. 威尔姆斯（J. D. Willms）还强调了家庭成员的互动对子女文化资本的影响。他们区分了文化资本的两种不同形式：一种是静态的，即父母自身的博学活动和实践；另一种是关联的，即子女和父母之间的交互作用和沟通。他们利用来自28个国家的2000个国际学生评估项目，检验发现父母与子女互动产生的文化资本对于学生的学校成绩有更强的影响③。方长春和风笑天（2008）用父母亲教育程度代表家庭文化资本，实证研究证实，家庭文化资本具有非常强的代际继承性，会直接影响子代学业成就的获得。

① 方长春，风笑天. 家庭背景与学业成就——义务教育中的阶层差异研究 [J]. 浙江社会科学，2008（8）：47-55.

② ［法］皮埃尔·布尔迪厄，华康德. 实践与反思——反思社会学导引 [M]. 李猛，李康，译. 北京：中央编译出版社，1998：212.

③ Tramonte L, Willms J D. Cultural Capital and its Effects on Education Outcomes [J]. Economics of Education Review, 2010, 29 (2): 200-213.

（二）教育与文化能力获得

　　文化资本的获得方式，除了家庭的耳濡目染之外，更重要是来自教育。早期教育、体制内教育和培训类教育等对于文化资本积累都有重要影响。一般而言，体制内教育是最普遍、最重要的手段。学校教育这种形式能将社会上的各种文化资源集中在一起，受教育者在一个固定的时间段内集中精力努力学习，迅速积累起大量的文化资本，同时也使传统文化得以延续、传承和发展。通过小学、初中、高中、大学本科到研究生各层级的教育，逐渐积累起包括语言习惯、知识、情趣、品位等内化的文化能力，并获得相应制度化的学位，从而也就具备了文化消费的基本能力。大部分的人初到这个世界，从有意识的那一刻开始，除去各种生存技能的培养，都要经历不断积累文化资本的过程，获得各种知识以及得到社会广泛认同的文凭。人们受教育程度不同，所拥有的文化资本也就存在差异①②（Richards，1996；李振刚、南方，2013），文化消费的数量和质量也就相应地受到影响。

二、文化能力与文化消费

　　与一般商品消费不同，文化消费的价值在于消费者对文化产品或服务中所蕴含的文化内容或文化价值的认同和共鸣。文化消费是一个"破译解码活动"，"一个观赏者缺少这种特定的编码，就会陷入声音与节奏、色彩与线条的一片混乱之中而感到莫名其妙"③，

---

①　Richards G. Production and Consumption of European Cultural Tourism［J］. Annals of Tourism Research，1996，23（2）：261 – 283.

②　李振刚、南方. 城市文化资本与新生代农民工心理融合［J］. 浙江社会科学，2013（10）：83 – 91.

③　［法］皮埃尔. 布尔迪厄. 区分：鉴赏判断的社会批判［J］. 黄伟，郭于华，译. 国外社会学，1994（5）.

不能真正理解文化商品或服务所承载的内容。因而文化消费活动需要一定的文化能力作为支撑，这种文化能力很大程度上源于个体所受的教育。个体的文化能力影响着文化消费的规模，个体文化能力的层次性决定着文化消费的结构。一般而言，文化能力的高低与文化产品的需求是正相关关系，而教育是提升文化能力的重要途径。

　　教育水平对文化消费的正向影响也得到了很多实证研究的支撑。A. 金特罗（A. Quintero）和 P. 马托斯（2012）利用 2008 年 SCC 的微观调研数据研究发现，教育水平低成为哥伦比亚表演艺术参与率低的主要原因[①]。S. C. 迪尼兹和 A. F. 马卡多以巴西为例展开研究，发现教育对于个人处理信息、获得信息能力提升很有帮助。父母教育、正规教育或在正规教育之外的艺术/文化训练等也都会影响文化艺术品消费，甚至其他教育形式的影响比正规教育还要强一些[②]。基于国内数据的研究也证实了这一点，俞萍（2004）发现受教育水平是导致文化消费支出在短期内难以获得显著增长的重要原因[③]。奚红妹和魏农建等（2010）发现，受教育程度不论对于体育消费的现金支出，还是参与时间都有正向影响[④]。蔡旺春（2013）提出文化消费不仅受居民收入水平、闲暇时间的约束，还要受教育水平决定的消费能力的约束[⑤]。陈琪瑶和罗翠华（2012）专门利用协整与格兰杰检验方法分析发现，文化消费和教育之间存

　　① Quintero L F A, Martos L P. Determinants of Performing Arts Participation in Colombia [J]. 17th International Conference in Cultural Economics by the ACEI Kyoto（Japan），21 – 24 June 2012.

　　② Diniz S C, Machado A F. Analysis of the Consumption of Artistic-cultural Goods and Services in Brazil [J]. Journal of Cultural Economics，2011，35（1）：1 – 18.

　　③ 俞萍. 公共文化娱乐消费市场的选择倾向和发展趋势——对重庆市公共文化娱乐消费市场的调查分析 [J]. 重庆社会科学，2004（2）：103 – 110.

　　④ 奚红妹，魏农建等. 中国城市消费者个体差异对体育消费观念和消费行为的影响 [J]. 体育科学，2010（3）：30 – 35.

　　⑤ 蔡旺春. 文化消费的约束因素研究 [J]. 经济论坛，2013（7）：81 – 84, 92.

在相互促进的关系①。

从上述分析发现，虽然大多数的研究都发现了教育对于文化消费的影响，但是这些研究仅仅着眼于教育本身，并非从文化资本的角度。而且部分研究采用的是教育的代理变量，而这些代理变量是否具有合理性还有待考证。本章将以 CFPS 数据为基础，以个人教育年限和父母教育年限分别代表个体文化资本和家庭文化资本，共同度量微观主体的文化能力（也即文化资本Ⅰ），测度其对成人文化消费时间和家庭文化消费支出的影响。

第二节　数据来源及变量选择

一、数据来源

本章所采用的数据来源于北京大学中国社会科学调查中心（ISSS）2010 年开展的"中国家庭动态跟踪调查"（CFPS）。该调查旨在通过跟踪收集个体、家庭、社区三个层次的样本，反映中国社会、经济、人口、教育和健康发展变化情况。CFPS 的全国性调查采用分层抽样的方法，覆盖除西藏自治区、青海省、新疆维吾尔自治区、宁夏回族自治区、内蒙古自治区、海南省和我国香港、澳门和台湾地区之外的 25 个省（区、市），涉及 14795 个城乡家庭样本，调查对象包含样本家庭中的全部家庭成员，其中涉及 33600 个成人个体样本②。该调查问卷分为社区问卷、家庭问卷、成人问卷和少儿问卷四种主体问卷类型。本章所用数据主要来自 2010 年的

---

① 陈琪瑶，罗翠华. 教育与文化消费实证关系研究［J］. 科学决策，2012（12）：84 - 94.

② 具体信息参考：http：//www.isss.edu.cn/cfps/.

家庭问卷和成人问卷，剔除无效信息之后，总共得到家庭层次的有效样本 3781 个，成人层次有效样本 8372 个。

二、变量选择

本章利用中国家庭动态跟踪调查（CFPS）2010 年的截面数据，考察文化资本对于文化消费的影响，因而设定如下的基本模型：

$$consumption = \alpha + \beta capital + \delta X + \mu$$

其中，$consumption$ 为被解释变量文化消费，$capital$ 为主要的解释变量文化资本，X 为其他相关变量，μ 为残差项。

（一）被解释变量

文化消费（$consumption$）。与一般商品消费不同，文化消费不仅要求消费者具备一定的文化素养和文化能力，以便能准确理解文化内容，从而提高消费者的效用水平；同时还要求消费者能有一定的时间来完成整个文化消费过程。换句话说，消费者需要时间来欣赏、品味其所承载的文化内容（尽管时间上可能并不一定连续），这个品味文化内容的过程也是文化资本积累的过程。因而，对于文化消费水平的度量绝不应该局限于文化消费领域的现金支出，而应该将范围拓展至文化消费时间支出。而且，从第二章对于文化消费的分类来看，付费并非文化消费的必要条件。例如，公共文化服务体系建设为消费者营造了良好的环境，博物馆、图书馆、文化馆免费开放，文化资源实现网络共享，消费者进行文化消费活动不需要任何现金支出，只需付出一定的时间即可。消费者在图书馆阅读、去博物馆参观等也都被定义为纯粹的文化消费行为。因而本书基于文化消费的实证分析分两部分进行：一部分是以成年人的文化消费时间支出作为被解释变量；另一部分是以家庭的文化消费支出作为被解释变量。

（二）主要被解释变量

基于第四章的分析，更多的文化资本存量能使消费者更好、更富有成效地消费文化产品和服务（Ateca‒Amestoy，2008），因而文化资本成为很多研究的关键变量。本章就主要考虑消费者文化能力对文化消费的影响力。依照上一节的分析，文化能力的获得主要源于家庭的影响和个人所受的教育，本章将这两种途径获得的文化能力分别称为家庭文化资本和个体文化资本。

第一，家庭文化资本。对于个人的文化能力而言，文化资本存量取决于外生的初始禀赋，这种禀赋可能是与生俱来的，也可能是在懵懂时期透过家庭的影响获得的。一般而言，父母的教育程度越高，初始的文化资本水平就越高，在某个特定的时点整合到可利用的文化资本存量中去的部分就越大，因而这些人就更加倾向于参与到文化活动中去进行文化消费（Ateca‒Amestoy，2008）。因而本章以父母教育程度来代表家庭文化资本。在 CFPS 调查统计数据中，有"父亲教育年限"（*feduyear*）和"母亲教育年限"（*meduyear*）两个指标，分别代表父亲和母亲的教育程度，以此来度量家庭文化资本对个体文化消费的影响。

第二，个体文化资本。在 G. 贝克尔（1977）的理论框架中，可利用的文化资本存量是初始文化资本禀赋和过去文化商品消费数量的函数，该函数的界定类似于人力资本变量的参数化。在过去的实证研究中，通常会用所受正规教育的程度来代表人力资本水平的高低。在此我们也用受教育水平来代表文化能力和文化资本水平[①]。一般而言，受教育程度越高，文化能力越强，文化资本水平越高，对文化消费的需求就越大。此处用个人的受教育年限（*eduyear*）代表教育水平，作为个体文化资本的代理变量。

---

① 正如前一章所提到过的，尽管是采用同一指标度量，二者也存在相似之处，但是文化资本与人力资本是两个不同的概念。

（三）控制变量

为尽量减小遗漏变量带来的计量误差，在模型中加入一些控制变量。控制变量主要包含三个方面的信息。

（1）个人自然特征，主要包括被调查者的性别、年龄。其中性别用 gender 表示，若为男性取值为 0，若为女性取值为 1。被调查者的年龄用 age 表示，考虑到年龄的非线性影响，借鉴胡枫等（2012）的做法①，在其中加入 agesquare 变量，通过公式"年龄的平方/100"计算得来。

（2）个人社会特征，包括被调查者的婚姻状况、兄弟姐妹数量、民族、绝对收入水平、工作时间、社会地位、对未来的信心等。其中，婚姻状况用 marriage 来表示，对于"请问您现在的婚姻状态是"的回答包含未婚、在婚、同居、离婚和丧偶五种状态，其中全样本中在婚人数占 79.59%，在婚状态用 1 表示，而未婚、同居、丧偶和离婚等状态都设定为非在婚状态，用 0 表示。兄弟姐妹数量来源于"请问您一共有几个兄弟姐妹（包含已经去世的）"的调研问题，用 brother 表示，用具体 0~15 不等的数值来代表。民族成分用 nation 表示，其中汉族为 1，包括回族、白族、傣族、布朗族、纳西族、仡佬族等在内的 26 个少数民族均设定为 0。用"您个人的总收入是多少元"来度量收入水平，用 income 表示，并对收入预先进行对数处理。工作时间用 worktime 表示，通过"工作日：工作（小计）"和"休息日：工作（小计）"两个指标加权而成。社会地位用 status 表示，通过"您在本地的社会地位"指标获得，除"不适用""拒绝回答""不知道"之外，通过 1~5 分的自评分得到。对未来的信心用 confidence 表示，通过"您对自己未来的信心程度"指标获得，表示方式同上。

---

① 胡枫，陈玉宇. 社会网络与农户借贷行为——来自中国家庭动态跟踪调查（CFPS）的证据［J］. 金融研究，2012（12）：178–192.

（3）外部环境变量，包括该家庭或个人所处地区及交通便利条件，包含城乡状况和离市中心的距离两个变量。其中城乡状况用 *urban* 表示，如果在乡村取值为 0，在城市取值为 1。家庭或个人所处地区状况同时用与市中心的距离（*distance*）来表示，来源于 CF-PS 调查中的问题"从您家到最近的市（镇）商业中心需要多长时间（单位：分钟）"，所需时间越长则表示离市镇中心越远。外部环境不佳使得被调查者的消费活动受到一定的约束，可能会对文化消费时间和文化消费支出产生影响。

（四）数据分析

1. 文化消费变量

在中国家庭动态跟踪调查（CFPS）的成人问卷调查中，对消费者的时间分配状况有详细的划分。该问卷将被调查者的时间分为工作日和休息日，具体又区分为生活时间、工作时间、学习培训时间、娱乐休闲和社会交往时间、交通活动、其他以及没有活动的划分。具体而言，学习培训时间包含正规教育、作业与复习等与正规教育有关的活动、业余学习与非正规教育三个分项；娱乐休闲和社会交往时间具体分为阅读传统媒体、看电视/光盘/听广播/听音乐、使用互联网娱乐、锻炼、业余爱好/游戏/消遣活动/玩耍、社会交往、社区服务与公益、宗教活动等方面。本书主要考虑其中的"娱乐休闲和社会交往时间"度量文化消费，通过 CFPS 中"工作日：娱乐休闲和社会交往（小计）"和"休息日：娱乐休闲和社会交往（小计）"两大指标调查值加权计算得来①。根据数据分析结果，文化消费时间在 0～16 小时之间不等。鉴于文化消费时间的分布特

_____

① 值得说明的是，CFPS 统计口径中的"娱乐休闲和社会交往时间"既包括典型的文化消费范畴，例如阅读传统媒体、看电视/光盘/听广播/听音乐、使用互联网娱乐，这样的活动可以明确纳入文化消费领域，但是有些活动，例如锻炼、业余爱好/游戏/消遣活动/玩耍、社会交往、社区服务与公益，可能部分包含文化消费活动。本书也将其纳入其中，可能会出现总体文化消费时间高估，但是不影响最终的结论。

征，本书将其进行分段统计分析，以便更清晰地展现数据特征（见表5-1）。

表5-1   文化消费时间段统计分析

文化消费阶段	人数（人）	比例（%）	累积占比（%）
[0, 2]	2110	25.20	25.20
(2, 4]	2795	33.29	58.59
(4, 6]	2055	24.55	83.13
(6, 8]	952	11.37	94.51
(8, 10]	321	3.83	98.34
>10	139	1.66	100.00
总和	8372	100	100

资料来源：数据由 CFPS 经统计分析而来。

表5-1 将被调查者的文化消费时间以 2 小时为段进行区分，分段统计后发现，平均每天文化消费时间在 2 小时之内的为 2110人，占到样本数据的 25.20%；33.29% 的被调查者选择每天的文化消费时间控制在 2~4 个小时；2055 位被调查者每天花费 4~6 小时的时间用于文化娱乐类的活动；花费 6~8 小时的被调查者有 952位，占到 11.37%；8 小时以上的有 5.49%。从表5-1 可以看到，83.13% 的被调查者文化消费时间控制在 6 小时以内，而其中接近 60% 的被调查者文化消费时间在 4 小时以内。从数据阶段区分来看，2~4 小时是被调查者文化消费频次最高的区间。

2. 文化资本变量

本书所考虑的文化资本既包括体现家庭文化氛围和个人文化禀赋的家庭文化资本，也包括用个人后天所受正规教育度量的个体文化资本。借鉴通常的分析方法，采用父母教育年限代表家庭文化资本，这是个体文化资本积累的前期基础，用个人教育年限代表后天积累的个体文化资本。

　　首先，家庭文化资本普遍不高。我国 1978 年恢复高考，之前因为历史原因，上一辈人的受教育机会相对较少，受教育年限普遍偏低，绝大多数被调查者的父亲和母亲受教育年限在 0~6 年，也就是现在的小学水平，其中父亲受教育程度在小学的占到 60.55%，而母亲则占到 76.66%。只有少数人能够跨越这一阶段获得更高的教育，统计中 15.11% 的人父辈具有高中以上学历，而 7.25% 的被调查者的母亲具有高中以上受教育水平（见表 5-2）。从统计分析结果看来，父母亲受教育程度还存在明显的性别差异。很显然，父亲的受教育年限比母亲普遍高一些，但是父亲或母亲的影响力大小还有待进一步分析。

表 5-2　　　　　　　　选择样本父母亲受教育年限统计分析

教育年限（年）	父亲受教育程度		母亲受教育程度	
	人数（人）	比例（%）	人数（人）	比例（%）
0~6（小学）	5069	60.55	6418	76.66
7~9（初中）	2038	24.34	1347	16.09
10~12（高中）	968	11.56	505	6.03
13~16（大学）	294	3.51	101	1.21
>16（研究生及以上）	3	0.04	1	0.01
总和	8372	100	8372	100

资料来源：数据由 CFPS 经统计分析而来。

　　其次，被调查者的个体文化资本水平有限。将中国家庭动态跟踪调查（CFPS）统计数据中"到目前为止，您已完成（毕业）的最高学历"中的文盲/半文盲、小学、初中、高中、大专、大学本科、硕士、博士分别换算成相应的教育年限，分别对应 0 年、6 年、9 年、12 年、15 年、16 年、19 年、22 年的年限值。剔除部分不符合条件的样本之后，选择成人库中子样本受教育年限统计性分析结果见表 5 - 3。从表 5 - 3 来看，样本中 31.15% 的被调查者受教育年限为 0~6 年，36% 的人受教育年限为 7~9 年，而拥有 10~12年、13~16 年及 17 年以上教育年限的分别占到 17.98%、11.97%和 2.90%，这些人分别相当于拥有高中、大学、研究生及以上学历。得益于经济的稳定发展和教育制度的改革，被调查者相对于父辈而言，受教育年限已经有了大幅度的提升。

表 5 - 3　　　　　　　选择样本受教育年限统计分析

教育年限（年）	人数（人）	比例（%）	累积占比（%）
0~6（小学）	2608	31.15	32.33
7~9（初中）	3014	36.00	67.15
10~12（高中）	1505	17.98	85.13
13~16（大学）	1002	11.97	97.10
>16（研究生及以上）	243	2.90	100.00
总和	8372	100	100

资料来源：数据由 CFPS 经统计分析而来。

3. 文化消费与文化资本的关联性分析

本章主要考察文化资本对文化消费的深刻影响，因而有必要对文化资本与文化消费之间的相关性进行分析。按照之前的理论分析，不论源自先天获得还是后天学习，文化资本的积累都会导致文化消费的增加和文化消费时间的延长。

从表 5 - 4 的结果可以看到，个人教育年限对文化消费时间是有影响的，综观各列，均为中间高两边低的拱形分布。Pearson chi2检验结果显示 p 值为 0.000，小于 0.001，我们可以在 1% 的显著性水平上拒绝原假设。可见，被调查者的文化消费时间与受教育年限并非是相互独立的，而是相互关联、相互依赖的。此外，Cramer's

V 值为 0.1608，gamma 值为 0.3483，Kendall's tau-b 值为 0.2601，这些关联系数都显著为正，说明文化消费时间与教育年限之间为显著正关联。

表 5 - 4　　　　　文化消费时间与教育年限列联分析表

变量		文化消费时间阶段划分						总和	比例(%)
分类	教育年限(年)	[0, 2]	(2, 4]	(4, 6]	(6, 8]	(8, 10]	>10		
个人教育程度	0~6	1025	909	443	147	56	28	2608	31.15
	7~9	774	1051	733	299	111	46	3014	36.00
	10~12	212	503	433	241	76	40	1505	17.98
	13~16	78	265	353	220	63	23	1002	11.97
	>16	21	67	93	45	15	2	243	2.90
父亲教育程度	0~6	1514	1755	1138	444	151	67	5069	60.55
	7~9	435	656	527	285	99	36	2038	24.34
	10~12	131	300	293	163	52	29	968	11.56
	13~16	30	84	96	58	19	7	294	3.51
	>16	0	0	1	2	0	0	3	0.04
母亲教育程度	0~6	1832	2260	1459	591	189	87	6418	76.66
	7~9	219	377	411	220	82	38	1347	16.09
	10~12	50	132	151	117	43	12	505	6.03
	13~16	8	26	34	24	7	2	101	1.21
	>16	1	0	0	0	0	0	1	0.01
总和	—	2110	2795	2055	952	321	139	8372	100.00

资料来源：数据由 CFPS 数据库整理得来。

与此同时，父母受教育年限对个人文化消费时间同样具有正向关联关系，二者均在1%的显著性水平上同样拒绝卡方检验的原假设。父亲受教育年限对文化消费关系检验的 Cramer's V 值为 0.0963，gamma 值为 0.2440，Kendall's tau-b 值为 0.1603，母亲受教育年限对文化消费关系检验的上述三个指标分别为：0.1104、0.3385 和 0.1872，所有关联系数皆为正，说明文化资本指标与文化消费之间皆为正向关联。

4. 文化消费时间与相关变量的相关关系

除了主要解释变量与文化消费时间之间的关联性分析，本书还将其他影响文化消费时间的人口特征因素也分组进行了统计分析。从表5-5可以看到整体的样本数据分布。

（1）从性别上看，男性人数比较多，占55.95%，而女性人口相对较少，占到44.05%，不管是男性还是女性，文化消费时间集中度最高都停留在（2，4]的分组之内。

（2）从年龄分布上看，30岁以下的人口占据了40.04%，31～40岁之间的有34.23%，41～50岁之间的有20.35%，从以上数据可以看出，样本中的文化消费主体大部分都是中年人，价值观念已经形成，消费偏好相对稳定，能够自主决定消费行为。但同时，作为家庭的经济支柱，没有太多的文化消费时间，从数据分布上显示也是在2～4小时之间。

（3）从兄弟姐妹数量上看，兄弟姐妹数量在1～3人的占40.92%，4～6人的占50.48%，兄弟姐妹在6人以上的被调查者只占8.60%，这类调查者的文化消费时间相对前者而言较少。

（4）从民族上看，占样本总数8.39%的少数民族人口中，较多将文化消费时间分配在［0，2]区间段内；而汉族人口时间分布频次最高的是（2，4]的分组。

（5）从是否进入婚姻状态看，76.67%的人口都是在婚状态，处于婚姻状况之中的样本比较倾向于（2，4]的分组，而不在婚姻状态之中（包括未婚、离异、丧偶等多种状态）的样本则会花费更多的时间在文化消费领域。

（6）从城乡分布上看，总样本中乡村人口占 50.27%，其中大部分人的文化消费时间在 4 小时以内，但是城市样本中大部分的文化消费时间集中在 2~6 小时之间。

（7）从工作时间上看，79.98% 工作时间在 8 小时以内的样本，其文化消费时间大多控制在 2~6 小时之间，而工作时间的延长明显使得文化消费时间被压缩，20.02% 超过 8 小时工作时间的样本，其中大多数人的文化消费时间是 2 小时之内。

从以上的数字描述中发现，这些变量同文化消费时间支出之间似乎都存在某种内在的关联，而具体的关联性和关联度有待进一步的验证。

表 5-5　　　　　　文化消费行为的部分人口特征分布

变量		文化消费时间阶段划分						总和	比例（%）
		[0, 2]	(2, 4]	(4, 6]	(6, 8]	(8, 10]	>10		
性别	男性	1032	1554	1206	594	212	86	4684	55.95
	女性	1078	1241	849	358	109	53	3688	44.05
年龄分布（岁）	0~30	624	1007	923	528	187	83	3352	40.04
	31~40	840	1046	649	236	69	26	2866	34.23
	41~50	531	584	379	139	48	23	1704	20.35
	51~60	109	143	94	44	15	6	411	4.91
	>60	6	15	10	5	2	1	39	0.47
兄弟姐妹数量（人）	1~3	595	1071	953	563	174	70	3426	40.92
	4~6	1239	1485	959	349	133	61	4226	50.48
	>6	276	239	143	40	14	8	720	8.60
民族	少数民族	267	218	147	50	15	5	702	8.39
	汉族	1843	2577	1908	902	306	134	7670	91.61

续表

变量		文化消费时间阶段划分						总和	比例（%）
		[0, 2]	(2, 4]	(4, 6]	(6, 8]	(8, 10]	>10		
婚姻	非在婚	265	514	550	406	145	73	1953	23.33
	在婚	1845	2281	1505	546	176	66	6419	76.67
城乡	乡村	1409	1463	829	340	118	50	4209	50.27
	城市	701	1332	1226	612	203	89	4163	49.73
工作时间（小时）	1~4	435	561	496	317	193	126	2128	25.42
	5~8	852	1600	1370	607	126	13	4568	54.56
	>8	823	634	189	28	2	0	1676	20.02
总和	—	2110	2795	2055	952	321	139	8372	100.00

资料来源：数据由 CFPS 数据库整理得来。

第三节　实证结果分析

一、文化资本与文化消费时间支出的初步考察

第四章分析过文化能力对于文化消费的影响机制，本章第一节也分析过家庭和教育对于文化资本获得和文化能力培养中的重要作用。本节将以文化消费时间支出作为被解释变量，以家庭文化资本和个体文化资本作为文化资本的代理变量，采用 OLS 方法进行回归分析，剔除掉缺省数据的样本，进入回归分析的有效成人样本数为 8372 个，统计性描述和相关性分析已在表 5-4、表 5-5 中列出。

使用 Pearson 方法估算了模型中各解释变量的相关系数，同时，还使用方差膨胀因子检验了多重共线性问题。根据相关系数矩阵，

绝大多数解释变量在超过5%的显著性水平上拒绝总体相关系数为
0的原假设，能用来解释文化消费时间支出。且除了父亲和母亲的
受教育年限、年龄与年龄的平方，其余相关系数都不超过0.5（见
本章末表5－10）。除去解释变量年龄及其二次项之外，VIF值小于
10。因而本书中，除了年龄和年龄的平方之间存在严重的多重共线
性，其余解释变量之间都不存在严重的共线性问题。

　　表5－6列出了主要解释变量文化资本对于文化消费时间支出
的估计结果。

表5－6　　　　　　　文化资本与文化消费时间支出的初步考察

变量名	被解释变量：文化消费时间	
	模型（1）	模型（2）
eduyear	0.156 *** (0.006)	0.123 *** (0.007)
feduyear	—	0.017 ** (0.007)
meduyear	—	0.057 *** (0.007)
Constant	2.616 *** (0.053)	2.588 *** (0.054)
Observations	8372	8372
Adj R – squared	0.085	0.096

注：*** 、** 分别表示在1%、5%的显著性水平上显著；括号内为稳健标准误。
资料来源：笔者整理。

　　研究发现，文化资本对于个人文化消费时间支出具有显著的积
极影响，而且个体文化资本的作用强于家庭文化资本，家庭中母亲
的影响大于父亲。

　　模型（1）主要考察以个人受教育年限（*eduyear*）为代理变

量的个体文化资本对于文化消费时间支出的影响。从回归结果看，在 1% 的显著性水平下，个人教育年限对于文化消费时间支出具有正向影响，系数为 0.156，这说明透过教育活动，个体能够增加文化能力和文化资本存量，从而会增加文化消费时间支出。模型（2）中将父母受教育年限所对应的家庭文化资本与个人受教育程度所对应的个体文化资本同时纳入对文化消费的解释框架之中，发现家庭文化资本和个体文化资本同样对文化消费具有显著的正向影响。从回归系数看，个体文化资本比家庭文化资本的影响力要强。家庭文化资本主要是通过赋予个体初始禀赋、营造文化氛围、早期教育等方式，间接对个体文化资本产生影响，促进个体文化消费时间支出增加，但是这种影响终究不如个体文化资本的影响来的直接有效。

而且回归中还存在一个有趣的现象：一方面父母的受教育情况确实会影响下一代的文化消费。父母所积累的文化资本会通过影响家庭的文化氛围，影响子女的初始教育、智力开发和艺术熏陶等，促使子女积累一定的文化资本，或者通过带动性的文化消费活动，实现文化资本积累，促进文化消费时间的付出。另一方面，通过回归发现，父亲受教育年限的系数 0.017 小于母亲的 0.057，说明在对子女文化资本形成和文化消费时间支出方面，母亲的作用比父亲要更大一些，这可能与中国家庭传统教育中的父母亲角色设定有关系。

二、文化资本与文化消费时间支出的总体考察

在对文化资本对文化消费时间支出初步估计的基础之上，加入一些人口统计特征、社区特征等其他相关变量，以进一步分析这些因素对文化消费的影响（见表 5-7）。

表 5 - 7　　　　文化资本与文化消费时间支出的总体考察

变量名	被解释变量：文化消费时间			
	模型（3）	模型（4）	模型（5）	模型（6）
eduyear	0.115 *** (0.006)	0.091 *** (0.006)	0.091 *** (0.006)	0.076 *** (0.006)
feduyear	0.016 ** (0.006)	0.015 ** (0.006)	0.014 ** (0.006)	0.014 ** (0.006)
meduyear	0.040 *** (0.007)	0.032 *** (0.006)	0.032 *** (0.006)	0.023 *** (0.007)
income	0.428 *** (0.039)	0.414 *** (0.039)	0.409 *** (0.039)	0.340 *** (0.040)
worktime	- 0.282 *** (0.007)	- 0.295 *** (0.007)	- 0.296 *** (0.007)	- 0.294 *** (0.007)
gender	—	- 0.665 *** (0.046)	- 0.664 *** (0.046)	- 0.712 *** (0.046)
age	—	- 0.084 *** (0.016)	- 0.082 *** (0.016)	- 0.094 *** (0.016)
agesquare	—	0.118 *** (0.021)	0.117 *** (0.021)	0.125 *** (0.021)
marriage	—	- 0.954 *** (0.065)	- 0.965 *** (0.066)	- 0.945 *** (0.065)
brother	—	- 0.046 *** (0.014)	- 0.047 *** (0.014)	- 0.034 ** (0.014)
nation	—	0.338 *** (0.080)	0.342 *** (0.080)	0.277 *** (0.080)
status	—	—	0.032 (0.025)	0.068 *** (0.026)

变量名	被解释变量：文化消费时间			
	模型（3）	模型（4）	模型（5）	模型（6）
confidence	—	—	0.025 (0.023)	0.031 (0.022)
distance	—	—	—	-0.001 *** (0.000)
urban	—	—	—	0.473 *** (0.051)
Constant	2.647 *** (0.140)	5.897 *** (0.297)	5.715 *** (0.313)	6.151 *** (0.315)
Observations	8372	8372	8372	8372
Adj R - squared	0.250	0.312	0.313	0.321

注：***、** 分别表示在1%、5%的显著性水平上显著；括号内为稳健标准误。
资料来源：笔者整理。

首先，在上述模型基础上列入收入（*income*）和工作时间（*worktime*）两个变量构成模型（3）。一般而言，根据劳动供给曲线，若有强大的收入支撑，可同时从资金预算和时间预算两个方面为文化消费提供支持，从而使得文化消费时间支出增加，这种关系得到了回归结果的证实，并且显著为正（0.428）。此外，与预期一致的是，工作时间增加会使文化消费时间显著减少（-0.282）。

其次，在模型（3）基础上加上性别（*gender*）、年龄（*age*）、年龄平方（*agesquare*）、在婚状态（*marriage*）、兄弟姐妹数量（*brother*）、民族（*nation*）等特征，构建模型（4）。估计结果发现，文化消费与个体人口特征相关。从性别上看，女性对文化消费时间支出存在显著负向影响（-0.712）。因为之前将性别设定为二元变量，男性取值为0，女性取值为1，此处的系数主要对女性起作用。从回归结果看，女性特征促使文化消费时间减少，结果在1%的水平上显著。这可能与家庭生活中女性的角色设定有关系，女性除了工作，还要同时承担照顾小孩、家务活动等其他事情，因而留给她们的文化消费时间并不多。通过加入年龄平方变量，发现其对文化消费时间的影响显著为正，这说明年龄与文化消费时间分布之间为 U 型曲线，中年人的文化消费时间往往较短。这也能得到现实的支持。此外，文化消费还与某些社会特征相关。进入婚姻状态在 1% 的显著性水平上对文化消费时间支出有负向影响（-0.954），这可能是因为婚姻状态带来更多的家庭责任和家庭负担，个人较少有时间去从事文化消费活动。家庭中兄弟姐妹的数量对于文化消费也有显著负向影响（-0.046），在 1% 的显著性水平下，兄弟姐妹数量增加会减少文化消费时间。汉族人口的文化消费水平更高一些，这可能与汉族人民的教育水平、基础设施供给、文化趋同性等有关系。

此外，在模型中还加入是否为城市（*urban*）以及与商业中心的距离（*distance*）等区域环境因素，是为模型（6）。首先，城市变量有显著积极作用，1% 的显著性水平下，系数为 0.473。城市完善的基础设施、丰富的文化供给、便利的交通条件、广泛的示范效应等都会延长居民的文化消费时间。其次，离市（镇）商业中心距离的远近对文化消费时间是显著的消极影响。市（镇）商业中心往往是文化设施集聚区和文化活动的集中地，居民离市镇商业中心越远，居民获得文化服务所需要支付的时间成本、交通成本和心理成本就越大，对文化消费越是不利，回归结果给予了最有力的证明。

模型（5）中，对自身社会地位的评价（*status*）和对未来的信心（*confidence*）均无显著影响，但是加入区域环境的影响之后，对自身社会地位的评价却会显著积极影响个人的文化消费时间。

仔细观察模型（1）~模型（6）的估计结果，调整后的 R^2 较高，微观数据拟合程度较好。除了回归系数值有所差异，在逐渐添加解释变量的过程中，显著性和系数的符号具有相当高程度的一致性，一定程度上也说明了回归结果的稳健性。

第四节　进一步分析

包括家庭文化资本和个体文化资本在内的文化资本提高会延长文化消费时间支出，这已经在上一节的实证研究中得到证实。但是文化资本水平是否会增加家庭的文化消费现金支出还有待验证，这也是本节所需要解决的问题。在此利用中国家庭动态跟踪调查（CFPS）中家庭问卷的收入支出数据，提取其中的文化消费支出数据进行回归分析。被解释变量设定为家庭文化消费支出，具体包括教育支出、家庭文化娱乐休闲支出以及二者之和共三部分，数据分别来自 CFPS 家庭问卷中的"过去一年，家庭教育支出（元）"和"过去一年，家庭文化、娱乐、休闲支出（元）"以及二者的加总。本章将户主积累的文化资本作为主要的解释变量，但是基于之前理论研究和实证研究中对收入效应的证实，也将家庭收入列为文化消费支出的重要影响因素。此外，考虑到家长在家庭决策中的重要作用以及部分文化消费活动的群体性特征，在成人问卷中提取户主信息作为控制变量。

回归模型表示如下：

$$consumption = \alpha + \beta income + \gamma capital + \delta X + \mu$$

以上述模型为基准，表 5-7 中模型（1）~模型（4）的被解释变量文化消费支出（consumption）分别表示为家庭教育支出、家庭文化娱乐支出、家庭文教娱乐支出和户主文化消费时间，以家庭收入（income）和文化资本（capital）作为主要的解释变量，文化资本中个体文化资本用户主教育年限（eduyear）代表，家庭文化资本分别用户主父亲教育年限（feduyear）和母亲教育年限（meduyear）来代表。具体数据的统计性分析结果见表 5-8。

表 5 - 8　　　　　　　　模型变量的选取和描述性统计

变量名	变量含义	均值	标准差	最小值	最大值
eduspend	家庭教育支出取对数	2.148	1.690	0	5.477
culspend	家庭文化娱乐支出取对数	0.835	1.396	0	5.778
culexpense	家庭文教娱乐支出取对数	2.478	1.598	0	5.799
cultime	户主文化消费时间	3.874	2.416	0	14.50
income	家庭收入取对数	3.852	1.483	0	7
eduyear	户主受教育年限	8.204	4.518	0	21
feduyear	户主父亲受教育年限	5.366	4.721	0	19
meduyear	户主母亲受教育年限	3.367	4.191	0	16
gender	户主性别	0.426	0.495	0	1
age	户主年龄	37.32	9.018	16	70
nation	户主民族	0.916	0.278	0	1
marriage	户主婚姻状态	0.878	0.328	0	1
worktime	户主工作时间	5.363	3.623	0	17
urban	家庭处于城市	0.522	0.500	0	1
distance	到市（镇）商业中心距离（分钟）	24.44	27.20	0	300

资料来源：笔者整理。

　　本章设定三个模型，分别以家庭教育支出、家庭文化娱乐支出、家庭文教娱乐支出作为被解释变量进行估计。与之前类似，通过 Pearson 方法估计各解释变量的相关系数，发现除去年龄和年龄平方，其余均不超过 0.5。而且通过方差膨胀因子检验发现，如果去除年龄及其二次项，VIF 不超过 10，因而不存在严重的共线性问题。利用多元 OLS 方法进行回归，回归结果见表 5 - 9。

表5-9　　　　　文化资本与文化消费支出关系回归分析结果

变量名	教育支出	文化娱乐支出	文教娱乐支出	文化消费时间
	模型（1）	模型（2）	模型（3）	模型（4）
income	0.051 *** （0.018）	0.100 *** （0.014）	0.096 *** （0.017）	0.026 （0.024）
eduyear	0.020 *** （0.007）	0.075 *** （0.006）	0.044 *** （0.007）	0.083 *** （0.009）
feduyear	0.021 *** （0.007）	0.014 ** （0.006）	0.028 *** （0.007）	0.020 ** （0.009）
meduyear	-0.009 （0.008）	0.036 *** （0.006）	0.008 （0.008）	0.019 * （0.011）
gender	0.187 *** （0.056）	-0.096 ** （0.043）	0.106 ** （0.052）	-0.757 *** （0.072）
age	0.379 *** （0.020）	0.002 （0.016）	0.301 *** （0.019）	-0.087 *** （0.026）
agesquare	-0.481 *** （0.026）	-0.015 （0.020）	-0.392 *** （0.024）	0.118 *** （0.033）
worktime	0.007 （0.008）	0.008 （0.006）	0.008 （0.007）	-0.275 *** （0.010）
nation	0.214 ** （0.096）	0.205 *** （0.074）	0.295 *** （0.089）	0.229 * （0.124）
marriage	0.240 *** （0.088）	0.023 （0.068）	0.085 （0.082）	-0.743 *** （0.113）
urban	0.058 （0.061）	0.381 *** （0.047）	0.208 *** （0.057）	0.607 *** （0.079）
distance	-0.002 * （0.001）	0.001 （0.001）	-0.002 （0.001）	-0.005 *** （0.001）

变量名	教育支出	文化娱乐支出	文教娱乐支出	文化消费时间
	模型（1）	模型（2）	模型（3）	模型（4）
Constant	-6.324*** (0.411)	-0.870*** (0.319)	-4.753*** (0.384)	7.008*** (0.530)
Observations	3781	3781	3781	3781
Adj R - squared	0.123	0.230	0.147	0.287

注：***、**、*分别表示在1%、5%和10%的显著性水平上显著。
资料来源：笔者整理。

（一）教育消费支出

模型（1）的被解释变量为教育消费支出，从回归分析结果看，1%的显著性水平下，家庭收入增加会对教育支出产生显著积极的影响，但是相对而言，影响系数却并不大（0.051），这可能与教育支出的相对刚性有关。

文化资本对教育消费支出的影响与之前对个人决策的文化消费时间影响略有差异。首先，户主的个体文化资本（用户主的受教育年限作为替代变量）对家庭教育支出具有正效应。1%的显著性水平下户主的文化资本存量对教育支出的影响系数为0.020，说明户主的受教育时间越长，文化资本存量越丰富，对教育的重要性有更深的领悟，从而在子女或自身教育方面的支出就越多。其次，以户主父母受教育年限代表的家庭文化资本也对教育消费支出存在重要影响。只是父亲受教育年限对教育支出有显著积极影响，而母亲受教育年限对教育支出的影响，从统计上看并不显著。

户主性别特征、年龄等人口学统计特征和婚姻状况等社会特征也会对家庭的教育支出产生影响。具体而言，女性户主特征对教育支出存在显著积极作用，这说明女性户主重视教育，对教育方面的支出较多。户主年龄与家庭教育支出为倒U型曲线，说明中年户主的家庭教育支出相对较多，这与家庭生命周期有关，中年人在子女及自身的教育投资支出更加丰富。民族和婚姻状况对教育支出存在正向影响，工作时间和城市地区对教育支出的作用却并不显著。离市镇商业中心的距离对教育支出在10%的显著性水平下有负面影响，可见地理位置和区位环境对于教育支出也存在很大影响。

（二）文化娱乐支出

模型（2）以家庭文化娱乐支出作为被解释变量进行回归分析。同样，在1%的显著性水平下，家庭收入对文化娱乐支出存在显著正效应。系数0.100事实上代表了文化娱乐需求的收入弹性，相对于教育支出的相对刚性，文化娱乐消费需求的收入弹性较大，文化娱乐支出对家庭收入的变化相对比较敏感，这与笔者对现实的考察是一致的。

从文化资本对文化娱乐支出的影响看，用受教育年限代表的户主文化资本对文化娱乐支出有显著积极作用，在1%的显著性水平下，户主文化资本对家庭文化娱乐支出的影响系数为0.075，同样具有显著影响的还有父亲、母亲受教育年限，其影响系数分别为0.014、0.036，可见良好文化氛围影响下的户主文化资本对文化娱乐支出有重要的影响，而且与对文化消费时间的影响类似，母亲的作用大于父亲的作用。与户主文化资本对家庭教育支出的影响大小而言，显然在文化娱乐支出上，户主文化资本扮演着更重要的角色，它对于文化娱乐支出的影响更大。

与教育支出不同，女性户主在文化娱乐支出方面的作用是显著负相关的，这可能与中国女性的消费观念和角色设定有关系，也可能与女性户主往往承担的经济压力更大有一定关系。民族的虚拟变量和城乡虚拟变量对文化消费是显著积极影响，这说明汉族和城市人口会更加注重文化娱乐支出。在模型（2）的分析中户主年龄、工作时间、婚姻状态、离市中心的距离对文化娱乐支出的影响结果并不显著。

（三）文教娱乐支出

模型（3）列出的是文教娱乐支出的回归结果，此处的文教娱乐支出是家庭教育支出和文化娱乐支出的加总。从回归结果来看，家庭收入对文教娱乐支出具有显著积极作用。从数值上讲，其系数 0.096 介于 0.051 和 0.100 之间，也就是说家庭收入对文教娱乐支出的作用大小也介于教育支出和文化娱乐支出之间，这可能是双边力量作用所致。

户主的文化资本水平同样对文教娱乐支出有显著影响。户主本身的受教育水平显著对文教娱乐支出存在积极作用，户主父母积累文化资本营造良好的文化氛围，为户主文化资本的积累奠定基础，从而促进家庭文教娱乐支出增加。从数值上看，户主受教育水平对文教娱乐支出的影响系数为 0.044，介于教育支出和文化娱乐支出之间，这主要是因为文化资本的作用被教育支出的刚性拉低了，此外，家庭文教娱乐支出受父亲的教育水平影响很大，母亲教育水平有正向影响，但是结果并不显著，这也可以与模型（1）的结果对应起来。

户主的其他相关特征也会影响文教娱乐支出。女性户主、汉族和处在城市地区对支出有显著的正影响，户主年龄与文化消费支出也为倒 U 型，中年人文教娱乐支出更高一些，其中的作用机制与家庭教育支出类似。而工作时间和婚姻状态的正向作用以及到市中心的远距离带来的副作用均不显著。

（四）文化消费时间

模型（4）列出了户主文化消费时间的回归分析结果。此处的户主信息相当于成人库中的子库，因而回归结果与表 5-6 有相似之处。与模型（1）、模型（2）和模型（3）中的实际支出不同，文化消费时间并不一定需要伴随现金支出，也就是说，文化消费有时候是免费的，例如在家阅读一本小说。因而模型（4）中家庭收入对户主文化消费时间的付出有正向影响，但是结果并不显著。

与前类似，户主文化资本对于文化消费时间的影响是显著的。在1%的显著性水平下，户主受教育水平对文化消费时间支出的影响是积极而深刻的。从模型（1）~模型（4）的比较分析来看，户主自身的受教育水平即个体文化资本对文化消费时间的影响力度是最大的。这主要是因为家庭收入、家庭消费支出结构等其他因素对家庭文化消费现金支出构成较强的约束，但是显然这些因素对文化消费时间的约束力很弱，从而使得以受教育年限代表的文化资本成为影响居民文化消费时间支出的最重要因素。

基于之前考虑的经济原因、性别差异和角色设定等原因分析，户主为女性特征对文化消费时间支出呈显著负相关；与户主年龄对家庭文化消费支出的倒 U 型关系不同，户主年龄对文化消费时间的影响为 U 型，即中年人的文化消费时间较低，青年人和老年人的文化消费时间较长；工作时间的影响显著为负，说明户主的工作时间会挤占文化消费时间；在婚状态、到市区的远距离也成为造成文化消费时间减少的重要原因；汉族人口和城市居民则会增加文化消费时间。这些人口学统计特征和社区特征带来的影响与前一节的分析结果一致，也与我们的预期相符。

第五节　本章小结

本章利用中国家庭动态跟踪调查（CFPS）2010 年的微观调研数据，考察个体文化资本积累和家庭文化资本对文化消费时间影响，以及户主文化资本积累和家庭文化资本对家庭教育支出、文化娱乐支出和文教娱乐支出的影响，通过实证分析，笔者得出以下四点结论。

第一，个体文化资本和家庭文化资本对于成人文化消费时间支出均具有显著影响。这印证了上文的分析，以家庭文化资本和个体文化资本为代表的文化能力越强，对文化消费的需求就越强，则微观个体愿意支出的文化消费时间就越多。从代表文化能力的具体变量来看，个体文化资本对文化消费时间支出的影响要比家庭文化资本大，家庭文化资本对微观个体文化消费时间支出的影响是间接的，微观个体通过内化家庭文化资本的影响，间接作用于文化消费时间。而这种间接的文化资本力量，母亲的文化资本对文化消费时间的影响要比父亲大。

第二，个体文化资本对家庭教育支出、文化娱乐支出、文教娱乐支出和户主文化消费时间支出的影响系数关系为：$\gamma_{\text{文化消费时间}} > \gamma_{\text{文化娱乐支出}} > \gamma_{\text{文教娱乐支出}} > \gamma_{\text{教育支出}}$。相对于文化娱乐支出，教育支出对家庭而言是一项刚性支出，因而户主的文化资本水平对于教育支出的影响相对较小。文化资本对于文化娱乐支出的影响是显著正向的，并且系数值相对而言要更大一些，说明文化娱乐支出对文化资本的依赖性更强。文教娱乐支出为文化娱乐支出与教育支出的加总，因而文化资本的影响系数居中。相较而言，个体文化资本对于文化消费时间的影响是最强的。

第三，收入对于家庭各项文化消费支出的影响都比较显著。从收入对文化消费支出的影响力度上看，$\beta_{\text{文化娱乐支出}} > \beta_{\text{文教娱乐支出}} > \beta_{\text{教育支出}}$。这种现象的出现也与教育观念转变以及教育支出的相对刚性有关系。文化娱乐支出不仅受户主个体文化资本的影响，而且还受到家庭收入的重要影响。从影响系数上观察，家庭收入对家庭文化娱乐支出的影响比户主文化资本更甚，因而进一步提高家庭收入水平对于促进家庭文化消费支出非常必要。

第四，年龄、性别等人口统计学特征对文化消费也存在显著的影响。在个人文化消费时间支出以及家庭文化娱乐支出方面，女性的性别特征普遍存在负向的显著影响，户主为男性会显著增加文化消费时间和家庭文化消费支出。年龄与文化消费时间为 U 型曲线，而年龄与文化消费支出的关系却为倒 U 型曲线，这说明中年人的文化消费时间较少，但是文化消费支出却较多，这与现实一致。在婚

表 5 - 10 文化消费时间支出各解释变量相关系数矩阵

变量名	culime	eduy	feduy	meduy	gender	age	agesquare	marriage	brother	race	income	worktime	status	confidence	Distance	urban
culime	1	—	—	—	—	—	—	—	—	—	—	—	—	—	—	—
eduy	0.2924* 0.0000	1	—	—	—	—	—	—	—	—	—	—	—	—	—	—
feduy	0.1964* 0.0000	0.4678* 0.0000	1	—	—	—	—	—	—	—	—	—	—	—	—	—
meduy	0.2257* 0.0000	0.4623* 0.0000	0.5566* 0.0000	1	—	—	—	—	—	—	—	—	—	—	—	—
gender	-0.0944* 0.0000	-0.0696* 0.0000	0.0231* 0.0346	0.0512* 0.0000	1	—	—	—	—	—	—	—	—	—	—	—
age	-0.1617* 0.0000	-0.2172* 0.0000	-0.2204* 0.0000	-0.2341* 0.0000	-0.014 0.2009	1	—	—	—	—	—	—	—	—	—	—
agesquare	-0.1394* 0.0000	-0.2241* 0.0000	-0.2247* 0.0000	-0.2349* 0.0000	-0.012 0.2732	0.9867* 0.0000	1	—	—	—	—	—	—	—	—	—
marriage	-0.2495* 0.0000	-0.1737* 0.0000	-0.1368* 0.0000	-0.1683* 0.0000	0.0468* 0.0000	0.5001* 0.0000	0.4373* 0.0000	1	—	—	—	—	—	—	—	—
brother	-0.2064* 0.0000	-0.3814* 0.0000	-0.3012* 0.0000	-0.3585* 0.0000	0.0919* 0.0000	0.4978* 0.0000	0.4961* 0.0000	0.2795* 0.0000	1	—	—	—	—	—	—	—
race	0.0870* 0.0000	0.1461* 0.0000	0.0999* 0.0000	0.0823* 0.0000	-0.018 0.0992	0.0595* 0.0000	0.0582* 0.0000	-0.015 0.1688	-0.0848* 0.0000	1	—	—	—	—	—	—

续表

变量名	cultime	eduy	feduy	meduy	gender	age	agesquare	marriage	brother	race	income	worktime	status	confidence	Distance	urban
Income	0.1128* 0.0000	0.3694* 0.0000	0.2038* 0.0000	0.1895* 0.0000	-0.2450* 0.0000	0.0405* 0.0000	0.0141 0.0000	0.0380* 0.0000	-0.1640* 0.0000	0.1028* 0.0000	1	—	—	—	—	—
worktime	-0.3735* 0.0000	0.0339* 0.0019	-0.0044 0.6901	-0.0394* 0.0003	-0.2122* 0.0000	0.0312* 0.0043	0.0147 0.1788	0.0145 0.1836	-0.01 0.3588	0.0099 0.3634	0.2507* 0.0000	1	—	—	—	—
status	-0.003 0.7855	0.0042 0.6986	-0.0078 0.4757	-0.0241* 0.0275	0.0135 0.2179	0.0698* 0.0000	0.0664* 0.0000	0.0843* 0.0000	0.0386* 0.0004	-0.0302* 0.0057	0.0649* 0.0000	0.0109 0.3202	1	—	—	—
confidence	0.0285* 0.0091	0.0498* 0.0000	0.0644* 0.0000	0.0464* 0.0000	-0.0386* 0.0004	-0.1354* 0.0000	-0.1350* 0.0000	-0.005 0.6457	-0.0670* 0.0000	-0.014 0.2008	0.0526* 0.0000	0.0263* 0.0161	0.2613* 0.0000	1	—	—
distance	-0.0715* 0.0000	-0.1250* 0.0000	-0.0807* 0.0000	-0.0887* 0.0000	-0.0009 0.9373	-0.0330* 0.0025	-0.0272* 0.0128	-0.0237* 0.0299	0.0805* 0.0000	-0.1484* 0.0000	-0.1095* 0.0000	-0.0137 0.2093	0.0188 0.085	-0.0037 0.7359	1	—
urban	0.2009* 0.0000	0.4042* 0.0000	0.2457* 0.0000	0.3126* 0.0000	0.0270* 0.0135	0.0437* 0.0001	0.0319* 0.0035	-0.0259* 0.0178	-0.1872* 0.0000	0.1388* 0.0000	0.2977* 0.0000	0.0202 0.0643	-0.1190* 0.0000	-0.0570* 0.0000	-0.1865* 0.0000	1

注：*表示在5%的显著性水平上拒绝原假设。

资料来源：笔者整理。

状态的成年人文化消费时间会减少，但是户主处于婚姻关系之中却会使家庭教育支出显著增加。将民族设定为虚拟变量，汉族无论是对文化消费时间还是对文化消费支出都有显著的正向影响。身处城市会增加文化消费支出并延长文化消费时间，而离市中心的距离较远显然会影响家庭文化消费现金支出和个体的文化消费时间支出。工作时间长会显著挤压文化消费时间，但是对文化消费支出却并无妨碍。

第六章

文化资源与文化消费：宏观视角

文化资本的内涵除包含文化能力之外，还包括以文化遗产、文化作品、文化商品等为代表的文化资源。文化能力强调了微观主体的内在素养，是个体消费文化商品和服务的能力；而文化资源则强调了社会经济中文化作品、文化遗产等文化供给，是个体消费的文化商品或服务的选择集。本章也就是从供给侧考虑文化资源对文化消费的影响。本章以文化遗产和文化市场供给作为代理变量度量文化资源对文化消费的影响。但同时考虑公共文化服务和互联网络能提供免费文化服务，与文化资源具有相似的性质，形成或替代或互补的关系，对文化消费也会产生影响。因而从文化遗产和文化市场商品供给所代表的文化资源、公共文化服务体系所代表的公共文化供给以及互联网络发展三个方面分别实证，综合测度文化资源对于文化消费的影响，并综合考虑了公共文化消费的门槛效应。

第一节 理论假设

文化资源作为文化资本的一种客观形态，会通过具体的文化作品、文化遗产等形式体现出来，它为人们提供了文化消费的选择集。在丰富的文化资源供给情况下，消费者可以选择自己偏好的文化商品或服务进行文化消费活动。文化消费同时作为积累文化资本的重要途径，通过"自效应"和"他效应"两种方式实现文化资本的积累。所谓"自效应"是指消费者可以通过"消费中学习"的过程，实现自身文化资本的积累；而"他效应"强调的是消费者的文化消费过程会产生外部性，促进他人或社会文化资本的积累。一般而言，文化商品消费的越多，文化资本积累的越多，同时为社会提供的外部收益也就越多①，这主要是因为文化资源本身能形成浓郁的文化消费环境，文化消费过程也为社会营造良好的文化氛围，从而带动促进更多的文化消费。

（一）文化资源与文化消费

文化资源是文化消费的前提和基础。根据之前对文化资源的界定，我们将其进一步细分为：第一种，不可移动的文化资本，指被赋予文化意义的古代建筑、自然遗产等，也就是我们通常所称的文化遗产。这些文化资本不能移动，但其文化内涵可以被附加到其他商品之中。第二种，可移动的文化资本，是人们创造出来的、依附于一定物质形态的文化符号资源，形式表现为具体的文化商品，例如图书、绘画、电影拷贝、录像带、光碟等。第三种，流动的文化资本是指存在于人们的意识之中，无须依附于任何物质而且尚未形成产品的民风/民俗、思想观念、社会意识等文化资源。此处考虑的文化资本主要指的是第一、二种，也就是实物形态的文化遗产和文化市场中供应的各类文化产品，第三种是无形的，主要存在于人们的意识之中，通过长期的耳濡目染或学习过程而获得。古人劳动创造的例如古建筑、遗址等文化遗产，祖先以及现代人创造的书画作品、文学作品、音乐乐谱等文化产品，民间传承下来的民风民俗、伦理观念等文化资源都是文化资本的重要组成部分，此处将重点以文化遗产为例阐明文化资源对文化消费带来的重要影响。

---

① Pethig R, Cheng S W. Cultural Goods Consumption and Cultural Capital [J]. Culture, 2000 (10): 1–22.

  根据联合国教科文组织（UNESCO）通过的《保护世界文化和自然遗产公约》（*Convention Concerning the Protection of the Word Cultural and Natural Heritage*，1972），将以下项目归为文化遗产：（1）"文物：从历史、艺术或科学角度看具有突出的普遍价值的建筑物、碑雕和碑画、具有考古性质成分或结构、铭文、窟洞以及联合体"；（2）"建筑群：从历史、艺术或科学角度看在建筑式样、分布均匀或与环境景色结合方面具有突出的普遍价值的单立或连接的建筑群"；（3）"遗址：从历史、审美、人种学或人类学角度看具有突出的普遍价值的人类工程或自然与人联合工程以及考古地址等地方"①。此外，起源于澳大利亚的国际古迹遗址理事会（ICOMOS）的《巴拉宪章》（The Burra Charter）公约提出根据建筑、遗址或场所的"文化重要性"来确定文化遗产②。无论何种标准，都充分考虑了文化遗产的重大文化价值。根据戴维·思罗斯比（2011）的观点，文化遗产的收益由三个方面构成：（1）使用价值，即文化遗产相关项目"产生的所有可直接使用的产品与服务的经济价值"。（2）非使用价值，具体包括三种类型的价值：存在价值（existence value），即使无法亲身体验，因文化遗产的存在就能感受到的对社会的价值；选择价值（option value），消费者或其子孙在未来可以选择去体验感受文化遗产的选择权；遗赠价值（bequest value），人们通过文化遗产传递给后世的知识中得到的好处。（3）外部性，对于其他经济领域或经济主体的外溢性影响③。刘祎绯（2013）从伦理学角度将文化遗产带来的利益分为内在利益和外在利益。其中外在利益是指"由于社会环境的机缘而外在的、偶然

---

① 1972年《保护世界文化和自然遗产公约》中"I. 文化和自然遗产的定义"其中"第1条"。

② Marquiskyle P.，Walker，M.，The Illustrated Burra Charter：Making Good Decisions About the Care of Important Places，Sydney：Australia ICOMOS，1992.

③ ［美］戴维·思罗斯比. 经济学与文化［M］. 王志标，张峥嵘，译. 北京：中国人民大学出版社，2011.

的缚系于实践的利益，比如权势、金钱、地位等"；而内在利益是"特定实践不可能以任何别的方式获得的"，例如文化遗产的传承及价值的展现，因而他提出在文化遗产开发上不可因外在利益而丢失内在利益①，实质上也就是强调在文化遗产开发方面切不可因追求经济价值而忽略文化价值。

事实上，文化遗产的文化价值是很难被忽略的。首先，文化遗产本身作为一种文化资本，所产生的经济价值和社会价值不可低估。文化遗产是前人劳动的凝结，是不同时代民俗风情、审美取向、技术知识、信仰等历史文化的集中体现。对文化遗产的观赏，实质是要"解码"其中蕴藏的丰富文化内涵。这种文化消费活动以文化能力为基础，在消费过程中积累文化资本，增加文化资本存量。其次，以文化遗产为基础衍生出的文化商品和服务，也是文化资本的重要构成部分。对文化遗产的传承、开发和利用以多种形式开展，包括旅游纪念品、明信片、歌曲剧目、宗教仪式等文化产品和文化活动等。这实质上是以文化遗产的内涵为根本，在"解码"的基础上"编码"，将"编码"内容投放市场让消费者再"解码"的过程，这个过程除了带来经济价值的附加，还能传播文化价值，同样增加文化资本存量。再其次，文化遗产还带来广泛的社会效益，文化遗产地作为公共空间，可以开展传统文化活动、宗教仪式活动、体验观赏等多样化的活动，传承中华文明。另外经调查发现文化遗产所在地居民也会增强对传统文化热爱程度和对居住地的自豪感等（孙燕和李建芸，2010）②。G. 理查兹（G. Richards）也认为，虽然收入水平和教育水平提升很重要，但是遗产旅游的发展离不开供给方面的因素。这种供给引致需求的因素参与到文化生产

---

① 刘祎绯. 世界文化遗产地经济价值的伦理学探讨 [J]. 华中建筑，2013（11）：14 - 16.

② 孙燕，李建芸. 经济学视角下的中国世界文化遗产发展 [J]. 中国文化遗产，2010（6）：36 - 46.

中，对欧洲主要历史文化中心文化资本的开发起到重要作用①，因而拥有丰富文化遗产的地方可以充分利用资源优势，促进当地文化资本积累和文化产业发展。

进一步地，以从过去继承而来的遗产建筑、遗址、景观、艺术作品（例如绘画、雕塑）、文学、音乐等文化资本存量为基础，不断创造新的文化产品，这个创造新的文化产品的过程也增加了存量。文化遗产"增加了服务的流量，这种对于私人产品和公共产品的消费将进入最终的消费，它们将对未来产品和服务的生产做出贡献，包括创造出新的文化产品"（Throsby，1999）。因而，除却文化遗产本身蕴含的文化价值之外，以相关文化内涵为基础开发的一系列文化商品和文化服务也能增加地区的文化价值，增加地区的文化资本存量，提升地区文化消费水平。以上述的理论分析为基础提出第一个假设（H1）。

H1：以文化遗产为代表的文化资源会丰富地区文化资本存量，增加文化消费支出。

（二）公共文化服务与文化消费

以文化产品投入为基础，文化企业通过不同的形式为消费者提供多样化的文化服务，例如博物馆参观、音乐会、书画展览等。这些文化服务有付费和免费之分，而公共文化服务正是免费文化服务的典型代表。公共文化服务是"由公共部门或准公共部门共同生产或提供的，以满足社会成员的基本文化需要为目的，既给公众提供基本的文化享受，也维护社会生存与发展所必需的文化环境与条件的公共产品和服务行为的总称"②（陈威，2006）。王霞（2007）认为，公共文化服务是"以保障大众基本文化需求，满足大众的多层

---

① Richards G. Production and consumption of European cultural tourism ［J］. Annals of tourism research，1996，23（2）：261–283.

② 陈威. 公共文化服务体系研究 ［M］. 深圳：深圳报业集团出版社，2006.

次、多样化、整体性的公共利益为目的的各种文化机构和服务的总和"①。公共文化服务体系是国家公共服务体系的有机组成部分，羊许益和林德忠（2013）从功能的角度强调将公共文化服务体系界定为"政府主导、社会参与形成的普及文化知识、传播先进文化、提供精神食粮、满足人民群众文化需求、保障人民群众文化权益的各种公益性文化机构和服务的总和"②。不管从哪个角度界定，都会发现公共文化服务体系在提供基本文化产品和文化服务方面的重要贡献。党的十六届五中全会首次提出要"构建公共文化服务体系"，党的十七届六中全会提出到2020年我国要建成"覆盖全社会的公共文化服务体系""努力实现基本公共文化服务均等化"③，到党的十八届三中全会进一步提出要"建立健全现代公共文化服务体系、现代文化市场体系，推动社会主义文化大发展大繁荣"④。之所以将构建公共文化服务体系提到这样的政策高度，主要是因为公共文化服务"为人民群众提供了获取文化信息、参与文化活动、进行文化娱乐、从事文化创作、享受公益文化服务的重要平台"⑤（李海娟，2011），它不仅能满足人们最基本的文化需求，还能促进消费者的文化资本积累，提升消费者的文化品位，养成文化消费习惯，此外还有助于形成良好的文化氛围，进一步推动文化消费活动。

一般而言，公共文化服务对文化消费存在两个方面的影响：一方面，通过享受免费的公共文化服务，消费者可以积累文化资本，产生对于文化商品或服务的更高需求，这些需求并不能由基本的公

① 王霞. 论公共文化服务体系的构建［J］. 南阳师范学院学报（社会科学版），2007（11）.

② 羊许益，林德忠. 公共文化服务体系建设与马克思主义大众化的耦合及其四个维度［J］. 当代世界与社会主义，2013（2）：124 – 127.

③ 见《中共中央关于深化文化体制改革推动社会主义文化大发展大繁荣若干重大问题的决定》。

④ 见《中共中央关于全面深化改革若干重大问题的决定》。

⑤ 李海娟. 试析公共文化服务发展的整合战略［J］. 毛泽东邓小平理论研究，2011（11）：21 – 26.

共文化服务满足，因而必然只能由市场需求来满足，从而衍生出更多的文化消费市场需求。将因为公共文化服务带来产生的市场文化需求增加，称为公共文化服务的"挤入效应"；另一方面，免费的公共文化服务可能对市场文化消费需求形成冲击，挤占人们的市场文化需求。将公共文化服务导致的市场文化需求减少称为公共文化服务的"挤出效应"。"挤入效应"和"挤出效应"同时存在，最终的影响方向取决于二者之间的力量对比。如果"挤入效应"大于"挤出效应"，则公共文化服务会促进文化消费；反之则反是。

政府在着力打造公共文化服务体系的过程中，越来越重视公众的文化需求，逐步实现公共文化服务供给的便捷化、人性化，公民的参与度逐渐增强，越来越多的人到公共图书馆、博物馆、文化馆、美术馆去借阅图书、参观展览，并且积极地参与各种文化活动。公共文化服务体系的构建产生多重作用：一方面，类似公共图书馆、博物馆、文化馆等基础设施的存在本身就能形成一种城市品位和文化氛围，其提供的文化资本（主要是指文化产品）为文化服务活动的开展奠定了基础，良好的文化环境也能吸引公民积极地参与文化活动。另一方面，公民的文化消费行为本身就会产生一种积极的外部效应，也就是人们通常所说的"示范效应"，示范效应鼓励周围人的文化消费行为。一般而言，文化服务消费的越多，文化氛围越可能产生，提供给社会的外部性将越强，人们越有可能消费更多的文化产品和服务。此时，公共文化服务对文化消费支出具有"挤入效应"。

与此同时，政府着力打造公共文化服务体系，鼓励公民参与各种文化活动，包括走进图书馆看书、走进剧院看经典剧目、走进文化馆参加一些群众文化活动等，从这些活动中居民所享受的文化服务可以称为文化消费，但是这种文化消费是免费的，具备公共物品的性质，与私人的文化消费存在差异，而私人的文化消费支出才是本章考虑的重点。对于理性经济主体，如果文化资本积累不够深厚，对于文化商品或服务的偏好不够强烈，文化商品或服务消费带来的效用不够大，则在成本收益的比较分析下，消费者可能就会选择成本较低，甚至一定程度上可以称为零成本的公共文化消费，放弃私人文化消费支出，此时，公共文化服务对于私人文化消费支出存在"挤出效应"。

基于上述分析，结合现实考察，提出第二个假设（H2）。

H2：公共文化服务通过积累文化资本、营造文化氛围，对文化消费水平提升产生积极影响。

（三）互联网发展与文化消费

科技创新深刻地改变着传统文化产业的创作、生产、传播、消费等各个环节，孕育出一种全新的文化生态。首先，科技创新改变了文化产业的生产方式。文化、创意和科技深度结合、推陈出新；电子图书、网络图书馆、网络游戏、网络视频、网络音乐等新兴文化产业形态层出不穷。其次，新技术推动了文化传播形态的转变。数字报纸、数字广播、互联网络、数字电影、触摸媒体等新媒体的出现改变了传统的传播方式，数字化、大容量、即时性、高交互性等特征促使消费者能够更加便捷地获得文化消费内容。再其次，科技创新促使消费者的文化消费方式发生了巨大的转变。智能手机、平板电脑等各种移动终端走进人们的生活，借助互联网络的发展，深刻地改变着人们的生活模式和文化消费模式，即时性、碎片化、便捷性成为现代文化消费的主要特征。可见，在文化创意产业发展的全产业链中，互联网络发挥着重要作用。

以互联网技术为支撑、以数字化为核心的文化内容生产、流通与运营的新型文化产业形态，被称为网络文化产业。近年来，网络文化产业在全球范围内都得到了飞速的发展。据统计，美国以年均14%的速度增长，网络动漫每年产值超过 1000 亿美元；英国以年均 12% 的速度增长；韩国网络文化产业甚至超过汽车产业成为第一大产业。中国互联网络信息中心（CNNIC）发布的《中国互联网络发展状况统计报告》也显示，截至 2012 年 12 月底，我国网民规模达 5.64 亿人，互联网普及率达到 42.1%。我国网络音乐整体市场规模达到 45.4 亿元，其中：在线音乐市场规模达到 18.2 亿元（在线音乐服务提供商收入，包含在线音乐演出收入），比 2011 年的 3.8 亿元增长 379%，无线音乐市场规模达到 27.2 亿元。通过互联网平台购买文化商品、享受文化服务、参与文化活动等也成为近年文化消费的重要形态。例如网络新闻成为了解世界的重要窗口，也成为丰富信息量、拓展知识面的重要来源；通过搜索引擎，可以迅速搜寻到各种信息资源；通过网络音乐、网络视频、网络文学等板块，可以充分地满足消费者的休闲娱乐、汲取知识等各方面的需要，丰富精神文化生活。

从经济学角度分析，互联网同样具有公共物品的性质——非排他性和非竞争性，网络可以同时供多人使用而互不影响，有些还不需要付费。这些网络文化产业就如同前文提到的公共文化服务，同时存在"挤入效应"和"挤出效应"。之所以说网络文化产业存在"挤入效应"，是指通过免费的文化作品的欣赏和品鉴，可以积累文化资本，有能力欣赏更多、更优秀的作品，也产生更高的文化消费需求；之所以说网络文化产业存在"挤出效应"，是指免费的文化产品供给对理性的文化消费者形成冲击，成本收益的权衡可能会促使消费者选择免费的网络文化内容，放弃付费的文化消费需求。互联网发展对文化消费支出的最终影响同样取决于两种效应的对比。

然而，随着版权制度的进一步规范和网络文化消费的常态化，网络文化产业开始拓展新的商业模式，包括网络视频收费点播、网络文学收费阅读、网络音乐付费下载等，网络文化产品基本实现全面付费，转化成为"准公共物品"，在这种情况下，网络文化产业虽然仍然具有无可比拟的便捷优势，但是经济角度的免费获得已经发生了根本转变。此时网络文化消费的"挤入效应"与"挤出效应"的大小可能会发生转变。

基于上述分析，得出第三个假设（H3）。

H3：互联网发展促进网络文化产业的发展，提高文化消费水平。

第二节　模型设定与变量说明

一、模型设定

根据前面的理论分析，分别建立如下模型，模型（6－1）主要度量文化资源对文化消费的影响，模型（6－2）主要度量公共文化服务对于文化消费的作用，模型（6－3）则主要测度互联网络发展对文化消费的影响效应。

$$consumption_{it} = \alpha + \beta resource_{it} + X'_{it}\rho + \mu_t + \delta_i + \varepsilon_{it} \qquad (6-1)$$

$$consumption_{it} = \alpha + \beta pubservice_{it} + X'_{it}\rho + \mu_t + \delta_i + \varepsilon_{it} \qquad (6-2)$$

$$consumption_{it} = \alpha + \beta internet_{it} + X'_{it}\rho + \mu_t + \delta_i + \varepsilon_{it} \qquad (6-3)$$

其中，$consumption_{it}$ 代表被解释变量文化消费支出，$resource_{it}$、$pubservice_{it}$、$internet_{it}$ 分别为模型中的主要解释变量，X'_{it} 为主要控制变量，此外，μ_t 为时间固定效应，δ_i 为地区固定效应，ε_{it} 为随机误差项。

二、变量说明

1. 被解释变量

文化消费（*consumption*）。本章以人均文化消费支出作为被解释变量，代表我国居民的文化消费水平。在我国统计口径中，城镇家庭和农村家庭的文化消费支出是分开统计的[①]，并且统计口径略有差异。城镇家庭人均文化消费支出一般用人均教育文化娱乐服务

[①] 2013 年以前。

支出来代表，且又细分为文化娱乐用品支出、教育支出和文化娱乐服务支出共三项；而农村家庭人均文化消费支出只有文教、娱乐用品及服务支出这一项。尽管有学者曾经提出用"文化娱乐用品支出"和"文化娱乐服务支出"这两项加总来代表城镇居民的文化消费支出，但为保证计算口径的一致，本章仍然采用教育文化娱乐服务三项加总支出作为文化消费支出的代表性指标。另外，因为其他指标都采用的是全国数据，而城乡居民文化消费支出是分开的，因此，此处通过加权的方式统一计算口径。具体方法为：（城镇家庭人均教育文化娱乐服务支出×城镇人口总数＋农村家庭人均文教娱乐用品及服务支出×农村人口总数)/同期全国总人口，进一步可简化为：我国人均文化消费支出＝城镇家庭人均教育文化娱乐服务支出×城镇人口在总人口中比重＋农村家庭人均文教娱乐用品及服务支出×农村人口在总人口中比重。

2. 主要解释变量

文化资源（*resource*）。文化资源包含两个方面的指标：一是祖先遗留传承给现代社会的文化遗产；二是现代社会生产创造出来供给市场的文化产品。这里选取世界文化遗产数目（*number*）和文物藏品数量（*relic*）两个指标来度量文化遗产的丰裕度。一般而言，一个地区的文化遗产数目和文化藏品数量越多，说明该地区文化底蕴越丰厚、人文环境越好、文化资本越丰富，相应地文化消费也受到一定影响。现代社会创造的文化产品作为文化资源，直接构成文化消费的对象。文化市场的活跃度、文化产品的丰富度、文化氛围的浓厚度对文化消费存在直接的影响。一般而言，文化市场经营主体数量越多，文化市场越活跃，文化产品越丰富、文化氛围越浓，因而本章以文化市场经营机构数（*market*）来代表该地区的文化产品多寡。

公共文化服务（*pubservice*）。公共文化服务的度量同时采用两个方面的指标，一个是供给侧指标，另一个是需求侧指标。供给侧指标着重强调国家公共文化基础设施建设和公共文化产品供给情况；而需求侧强调居民的文化参与情况。公共文化服务体系包含七大区块的内容，涉及的领域非常广泛，本章选取群众文化事业机构数量（*ppub*）来代表公共文化服务体系的基础设施和基本供给情况。另外，选取图书馆流通人次（*pflow*）和图书馆外借次数（*borrow*）两个指标来度量公众的文化参与情况，测度公共文化消费对私人文化消费支出是存在"挤入效应"还是"挤出效应"？本章旨在通过供给侧和需求侧的这三个代表性指标度量公共文化服务体系对于文化消费的影响。

互联网发展（*internet*）。诚如上面的分析，科技改变生活，改变人们文化消费的方式。本章以互联网普及率作为互联网发展的替代指标，来度量以互联网平台的网络文化内容供给对文化消费的影响。互联网普及率（*internet*）指标用互联网使用人数在地区总人口中所占的比重来度量。

3. 其他控制变量

其他控制变量包括以实际人均 GDP 度量的收入水平（*ragdp*），该数据通过当年人均 GDP 用 CPI 折算后取对数得到，以度量消费者的经济消费能力；价格水平（*price*），用各地区当年文化娱乐用品及服务价格指数表示，反映文化消费的相对价格变化对文化消费支出存在何种影响；教育水平（*education*），用大学毕业生占总人口的比重表示，以考察地区总体教育水平对文化消费的影响；文化融合度（*travel*），用入境游客占本国人口的比重代表，以此表示地区文化软实力对于区域内文化消费支出带来的综合效应。

三、数据来源

本章采用 2001～2011 年我国 31 个省（区、市）的面板数据。数据来源包括《中国统计年鉴》（2002～2012）、《中国文化文物统计年鉴》（2002～2012）、《中国人口和就业统计年鉴》（2002～2012），还有部分数据来源于国研网。表 6-1 给出了具体的变量描述性统计分析结果。

表 6-1 主要变量描述性统计分析

变量名	均值	标准差	最小值	最大值	变量说明
consumption	2.773	0.269	2.160	3.540	文化消费：文化消费取对数
number	1.243	1.394	0	6	文化遗产：世界文化遗产数目
relic	5.604	0.443	4.100	6.570	文化遗产：文物藏品数取对数
market	3.733	0.434	1.520	4.410	市场供给：文化市场经营机构数取对数
ppub	3.015	0.366	1.360	3.680	文化事业：群众文化事业机构数取对数
pflow	2.710	0.563	0	3.780	文化参与：图书馆流通人次取对数
borrow	2.643	0.552	0	3.560	文化参与：图书馆外借次数取对数
internet	0.171	0.150	0.0053	0.683	科技创新：互联网普及率%
ragdp	4.198	0.308	3.450	4.910	收入水平：实际人均 GDP 取对数
price	1.011	0.0325	0.961	1.232	价格：文化娱乐用品及服务价格指数
education	0.289	0.189	0	0.884	教育水平：大学毕业生占地区总人口比
travel	0.0505	0.0671	0.0005	0.319	文化融合度：入境游客占地区总人口比

资料来源：笔者整理。

第三节　实证结果分析

一、文化资源效应

本章的文化资源包括两个方面的指标：文化遗产和文化市场供给，这里用世界文化遗产数目（number）和地区文物藏品数（relic）来代表地区的文化遗存情况，同时用文化市场经营机构数（market）来代表文化市场供给情况。以此为基础将式（6－1）具体化为式（6－4）：

$$consumption_{it} = \alpha + \lambda number_{it} + \beta relic_{it} + \gamma market_{it}$$
$$+ X'_{it}\rho + \mu_t + \delta_i + \varepsilon_{it} \tag{6－4}$$

以式（6－4）为基础，本章首先对文化遗产和文化市场供给对文化消费的影响进行估计，体现为表6－2中模型（1）～模型（3）的回归结果。由回归结果发现，1%的显著性水平下，文化遗产和文化市场供给的文化资源均对文化消费支出具有显著积极作用，从系数上看，文化市场供给比文化遗产的作用更强。

以此分析为基础，在基本变量之外添加人均实际GDP（ragdp）、文化产品价格（price）、教育程度（education）和文化融合度（travel）等控制变量，得到第4列的固定效应模型和第5列的随机效应模型。对于原假设 H_0：u_t 与 δ_i，ε_{it} 不相关，Hausman检验显示p值为0，拒绝原假设，适合采用固定效应模型。因而表6－2中添加控制变量后取固定效应模型估计结果，列出随机效应模型进行对比分析。

表6-2 文化资源对文化消费影响的面板估计结果

变量名	被解释变量：*consumption*				
	模型（1）	模型（2）	模型（3）	模型（4） FE	模型（5） RE
number	0.119 *** (0.020)	— —	0.123 *** (0.018)	0.021 * (0.012)	0.001 (0.008)
relic	0.348 *** (0.043)	— —	0.186 *** (0.043)	-0.106 *** (0.031)	-0.019 (0.025)
market	— —	0.314 *** (0.027)	0.223 *** (0.026)	0.068 *** (0.019)	0.051 *** (0.017)
ragdp	—	—	—	0.477 *** (0.048)	0.473 *** (0.044)
price	—	—	—	-0.346 ** (0.144)	-0.204 (0.155)
education	—	—	—	0.182 ** (0.078)	0.183 *** (0.068)
travel	—	—	—	0.499 ** (0.243)	0.912 *** (0.163)
Constant	0.675 *** (0.232)	1.601 *** (0.100)	0.746 *** (0.209)	1.351 *** (0.286)	0.813 *** (0.263)
Hausman test	—	—	—	0.000	0.000
Observations	341	341	341	341	341
R^2	0.369	0.310	0.492	0.797	—

注：（1）***、**、*分别表示在1%、5%、10%的显著性水平上显著。（2）小括号内为稳健标准误。
资料来源：笔者整理。

从表6-2的模型（4）回归结果看，当地拥有的世界文化遗产数量对人均文化消费支出具有显著的正向影响，但是影响力度并不大。世界文化遗产作为祖先遗留下来的重要文化财富，对文化消费支出的影响是潜移默化的，文化遗产通过影响当地的文化氛围，进而影响居民的文化消费水平。地区文物藏品数量对文化消费存在双重影响：一方面，文物藏品数量丰富意味着当地具有丰厚的人文历史积淀，深厚的文化氛围促使人们更愿意尝试消费文化商品和服务；另一方面，文物藏品与文化消费存在替代关系，因为大多数文物藏品归属当地博物馆管理，而随着公共文化服务的推广，博物馆大多数实现免费开放展览。因而作为文化消费的重要形式，可能会减少居民的文化消费需求。显然添加控制变量之后，文物藏品资源禀赋对文化消费产生的是一种"挤出效应"。此外，文化市场供给与文化消费显著正相关，这一点与预料的一致。种类繁多的文化商品或服务能够丰富消费者的选择范围，刺激消费者的文化消费欲望，直接或间接促进文化消费支出。

从添加的控制变量来看，人均实际 GDP 对文化消费支出存在显著影响，人均实际 GDP 每增加 1%，人均文化消费支出会增加 0.477%，这意味着我国文化消费的收入弹性小于 1，这与之前学者关于文化商品或服务需求收入弹性大于 1 的分析并不一致。但是这与 G. 贝克尔等（G. Becker et al.，1979）的文化商品或服务消费"理性致瘾"的研究结论却存在一致性，这也从另外一个侧面证实了本研究的必要性。文化消费受到个人收入的影响，但是更大程度上却与文化品位和文化习惯相关。与其他商品或服务对消费的影响是类似的，文化商品或服务的价格水平变化也会对文化消费产生反向影响，在 1% 的显著性水平下，价格水平每提高一个百分点，会导致文化消费支出降低 0.346 个百分点。如预料的那样，因为文化消费的特殊性，社会受教育情况也会显著正向影响人们的文化消费支出。

除了考虑区域内文化资本的影响，模型（4）中还加入了文化融合度概念。该概念用入境游客占地区总人口比重来度量。游客之所以去一个地方旅游，基本上是受当地文化的吸引，充分体现旅游目的地的文化软实力。换个角度看，某地区的文化资源禀赋优势会增加另一个地区的文化消费支出，进一步地，本地文化供给丰富能刺激外地对于本地文化商品的需求（Campaniello & Richiardi，2011），这是一种地域上的"挤入效应"。这种"挤入效应"对本地同样存在显著影响，从本章的回归结果可以看到，在 5% 的显著性水平下，外来游客入境旅游对本地文化消费需求造成的冲击为正向，外国游客入境旅游也会造成本地文化消费支出的显著增加。

二、公共文化服务效应

将公共文化服务（*pubservice*）区分为公共文化服务基础设施和公共文化活动参与两方面，其中，基础设施用群众文化事业机构数量（*ppub*）来代表，而公共文化活动参与用图书馆流通人次（*pflow*）和图书馆的图书外借次数（*borrow*）两个基本指标来度量，以此为基础将式（6 - 2）具体化为式（6 - 5）：

$$consumption_{it} = \alpha + \lambda ppub_{it} + \beta pflow_{it} + \gamma borrow_{it}$$
$$+ X'_{it}\rho + \mu_t + \delta_i + \varepsilon_{it} \qquad (6-5)$$

考察公共文化活动基础设施和文化参与活动于文化消费的影响。表 6 - 3 中的第 1 ~ 3 列模型，针对 "H_0：u_t 与 δ_i，ε_{it} 不相关" 的原假设，通过 Hausman 检验，结果显示 p 值为 0，拒绝原假设，方程更加适合固定效应模型。因为篇幅关系，本章只列出这两个主要变量对文化消费的固定效应结果。

表 6 - 3　公共文化服务对文化消费影响的面板模型估计结果

变量名	被解释变量：*consumption*				
	模型（1）	模型（2）	模型（3）	模型（4）	模型（5）
	FE	FE	FE	FE	RE
ppub	- 0.208 * （0.122）	- 0.314 *** （0.105）	- 0.351 *** （0.055）	- 0.311 *** （0.054）	- 0.180 *** （0.035）

变量名	被解释变量: consumption				
	模型（1）	模型（2）	模型（3）	模型（4）	模型（5）
	FE	FE	FE	FE	RE
pflow	—	0. 848 *** (0. 097)	0. 109 * (0. 057)	− 0. 276 *** (0. 098)	0. 147 ** (0. 057)
borrow	—	− 0. 096 (0. 089)	− 0. 109 ** (0. 046)	− 0. 400 *** (0. 076)	− 0. 098 * (0. 057)
pflow × borrow	—	—	—	0. 134 *** (0. 028)	0. 027 (0. 017)
ragdp	—	—	0. 483 *** (0. 045)	0. 492 *** (0. 044)	0. 427 *** (0. 042)
price	—	—	− 0. 309 ** (0. 137)	− 0. 278 ** (0. 133)	− 0. 336 ** (0. 141)
education	—	—	0. 220 *** (0. 072)	0. 193 *** (0. 070)	0. 227 *** (0. 064)
travel	—	—	0. 267 (0. 236)	0. 099 (0. 231)	0. 282 (0. 183)
Constant	3. 398 *** (0. 367)	1. 676 *** (0. 365)	2. 035 *** (0. 270)	2. 670 *** (0. 294)	1. 445 *** (0. 249)
Hausman test	—	—	—	0. 000	0. 000
Observations	341	341	341	341	341
R − squared	0. 009	0. 284	0. 811	0. 824	—

注：（1）***、**、*分别表示在1%、5%、10%的显著性水平上显著。（2）小括号内为稳健标准误。

资料来源：笔者整理。

与文物藏品对于文化消费的影响类似，公共文化服务体系建设对于文化消费支出具有双重影响：一方面为"挤入效应"，公共文化服务体系基础设施建设集聚文化资源，营造良好的文化环境，通过提供免费活动鼓励居民参与文化消费活动，以此为基础不断地提升居民的文化消费能力，通过居民文化资本的积累，刺激更强的文化消费需求；另一方面为"挤出效应"，公共文化服务体系提供的是免费的文化服务，理性的消费者会在免费的公共文化服务和付费的私人文化消费支出之间权衡，部分消费者会选择公共文化服务满足最基本的文化消费需求，从而对私人文化消费支出产生"挤出效应"。一般而言，"挤入效应"和"挤出效应"方向相反，但同时存在。公共文化服务体系建设对个人文化消费支出的最终影响取决于二者的对比。从模型（1）的分析结果看，显然公共文化服务体系基础设施建设在现阶段是"挤出效应"占据上风。综观各模型，在 1% 的显著性水平上，公共文化服务体系基础设施建设加强，会导致私人文化消费支出减少（见表 6 – 3）。

国家对于公共文化服务体系的建设，不仅存在数量要求，而且存在质量标准。以图书馆建设为例，《国家公共文化服务体系示范区创建标准（东部）》中提到"市、县两级图书馆达到部颁二级以上标准；公共图书馆人均占有藏书 1 册以上；市、县两级图书馆平均每册藏书年流通率 1 次以上；人均年增新书在 0.04 册次以上；人均到馆次数 0.5 次以上"①，可见我国公共文化服务体系建设不仅设有国家公共文化设施供给的量化标准，同时还要求公民的参与度，这种参与度体现了公共文化服务的供给效果，也正是公共文化服务质量的体现。基于上述考虑，本章加入两个"文化参与"指标：图书馆流通人次和图书馆外借次数。从模型（2）的回归结果来看，图书馆流通人次多寡对于地区文化消费支出存在一种"挤入效应"，消费者经常进出图书馆会增加消费者的文化资本积累，增加消费者的文化消费需求。但与此相反，图书馆外借次数的影响为

---

① 中华人民共和国文化部. 国家公共文化服务体系示范区创建标准（东部）[OE/OL].
http：//www.ccnt.gov.cn/preview/special/shifanyuan/zhengce/201307/t20130723_277784.html.

负，这可能是因为"挤出效应"在此处发挥了主导性的作用，消费者外借图书直接减少潜在的图书购买性消费支出。在模型（3）中加入控制变量之后，固定效应模型显示，各主要解释变量均对文化消费支出产生显著影响，影响方向与模型（2）一致，各控制变量对文化消费的影响也与表6-2中一致，作用机理在此不再赘述。

表6-3中模型（4）和模型（5）分别为固定效应和随机效应回归结果，根据Hausman检验，采用固定效应模型估计结果。模型（4）中添加了一个交互项，即图书馆流通人次和图书馆外借次数相乘，意味着流通人群同时外借图书，这类人群对文化消费的黏性最强，是最"忠诚"的文化消费主体。从回归结果看，在1%的显著性水平下，交互项系数为0.134，说明这种行为对文化消费带来的是正向的影响，而且效果较前面的变量都更大。但与此同时，图书馆流通人次和图书馆外借次数两变量的系数却均为负值，说明就流通人次和外借次数单体行为而言，对文化消费支出产生的主要还是"挤出效应"。与公共文化服务体系基础设施建设结合起来分析我们会发现，具备提供公共文化服务的硬件环境并不是必然促进文化消费的必要条件，甚至可能会对私人文化消费支出产生挤出效应，最根本的莫过于提高居民的文化参与度，促进居民的文化资本积累，使其产生公共文化服务之外的超额文化消费需求，不断拓展文化消费的广度和深度，达到更高的文化品位，积累更多更丰富的文化资本，才能实现文化消费支出的良性互促，最终形成文化消费支出刚性的良好格局。

三、互联网效应

此处沿用上一节的式（6-3），考虑以互联网普及率（$internet$）做代理变量的网络文化发展对于文化消费的影响效应。

$$consumption_{it} = \alpha + \beta internet_{it} + X'_{it}\rho + \mu_t + \delta_i + \varepsilon_{it}$$

本节之所以加入互联网的影响，主要是考虑互联网发展对文化消费模式改变的重要意义。就互联网普及率单个因素对文化消费的影响而言，显示为正向。加入控制变量之后，模型经过 Hausman 检验，显示 p 值为 0.7370，接受原假设，因而适宜采用随机效用模型，回归结果以模型（6）为准（见表 6 - 4）。

表 6 - 4　　互联网络对文化消费影响的面板模型估计结果

变量名	被解释变量：*consumption*					
	模型（1）	模型（2）	模型（3）	模型（4）	模型（5）	模型（6）
	OLS	FE	RE	OLS	FE	RE
internet	1. 397 *** (0. 061)	0. 951 *** (0. 045)	1. 020 *** (0. 047)	- 0. 252 *** (0. 086)	- 0. 121 (0. 083)	- 0. 199 *** (0. 075)
ragdp	—	—	—	0. 600 *** (0. 048)	0. 502 *** (0. 059)	0. 545 *** (0. 053)
price	—	—	—	0. 153 (0. 194)	- 0. 402 *** (0. 146)	- 0. 320 ** (0. 146)
education	—	—	—	0. 285 *** (0. 058)	0. 252 *** (0. 076)	0. 237 *** (0. 068)
travel	—	—	—	1. 030 *** (0. 121)	0. 555 ** (0. 274)	0. 912 *** (0. 187)
Constant	2. 534 *** (0. 014)	2. 610 *** (0. 010)	2. 598 *** (0. 020)	0. 008 (0. 285)	0. 990 *** (0. 292)	0. 725 *** (0. 270)
Hausman test	—	—	—	—	0. 7370	0. 7370
Observations	341	341	341	341	341	341
R - squared	0. 607	0. 593	—	0. 836	0. 785	—

注：（1）*** 、** 分别表示在 1%、5% 的显著性水平上显著。（2）小括号内为稳健标准误。

资料来源：笔者整理。

回归结果显示，互联网普及率在 1% 的显著性水平上对文化消费支出存在负向影响，即互联网普及率上升会降低文化消费支出。这可能也是因为互联网的使用与公共文化产品的使用一样免费，从而对个人的文化消费支出产生"挤出效应"。或者可以认为，与互联网普及率带来的文化消费"挤出效应"相比，"挤入效应"更小。通过互联网网络视频、网络文学、网络音乐等文化内容的消费，确实能够增强互联网使用者的文化资本积累，会产生更高的文化消费需求，但是因为互联网内容作品的免费获得使得消费者的文化诉求可以通过互联网解决，而非寻求另外的文化消费支出，从而会造成文化消费支出减少。

　　互联网的普及也可以作为公共文化服务体系建设的重要内容，因为，互联网普及的同时也承载着公共文化服务体系中文化资源数字化和文化资源共享的重要任务，因而将公共文化服务体系基础设施和文化参与变量加入其中，联合起来共同观察可能带来的效应。估计结果见表6-5固定效应模型所示，各变量影响大小有变化，影响方向与显著性水平并没有变化。在5%的显著性水平下，互联网对文化消费的影响系数减小，这说明在公共文化服务框架下，互联网技术的发展和广泛运用对文化消费支出的"挤出效应"被其他公共文化服务挤占。图书馆、博物馆和文化馆等内容实现电子化，并且经由互联网实现文化资源共享之后，消费者在互联网上就有了更丰富的资源可供选择，经由市场的文化消费支出减少。但是可以预见的是，随着《中华人民共和国著作权法》的进一步落实和版权制度的完善，互联网文化内容获得会更加规范化，网络文化内容付费制度的实施，将推动"挤出效应"被"挤入效应"替代，促进文化消费支出增加。

表6-5　　　　加入公共文化服务的互联网络效应估计结果

变量名	被解释变量：consumption	
	模型（1）	模型（2）
	FE	RE
ppub	-0.292 *** (0.055)	-0.169 *** (0.035)

续表

变量名	被解释变量：*consumption*	
	模型（1）	模型（2）
	FE	RE
pflow	− 0. 288 *** （0. 098）	0. 137 ** （0. 057）
borrow	− 0. 428 *** （0. 077）	− 0. 123 ** （0. 057）
pflow × borrow	0. 148 *** （0. 029）	0. 034 ** （0. 017）
internet	− 0. 168 ** （0. 082）	− 0. 195 *** （0. 072）
ragdp	0. 559 *** （0. 054）	0. 501 *** （0. 050）
price	− 0. 242 * （0. 133）	− 0. 293 ** （0. 140）
education	0. 193 *** （0. 069）	0. 253 *** （0. 064）
travel	0. 314 （0. 253）	0. 415 ** （0. 190）
Constant	2. 316 *** （0. 340）	1. 118 *** （0. 277）
Hausman test	0. 000	0. 000
Observations	341	341
R − squared	0. 826	—

注：（1）***、**、*分别表示在1%、5%、10%的显著性水平上显著。（2）小括号内为稳健标准误。

资料来源：笔者整理。

第四节 进一步分析[①]

公众为满足精神层面的需要而消费公共文化产品或文化服务的行为称为公共文化消费。由上面的分析发现，公共文化消费与居民文化消费支出之间既存在冲突性，也存在一致性。冲突性体现在理性消费者会在免费的公共文化消费和付费的私人文化消费支出之间权衡，部分消费者会选择公共文化服务满足最基本的文化消费需求，从而不再产生额外市场文化需求，此时，公共文化消费导致居民文化消费支出减少，存在"挤出效应"。一致性体现在通过享受免费的公共文化消费，消费者可以积累文化资本，文化资本的积累使消费者对文化商品或服务产生更高的需求，这些需求如果不能由基本的公共文化消费来满足，就会衍生出更丰富、更高层次的市场文化消费需求，此时公共文化消费对居民文化消费支出的影响为正，存在"挤入效应"。一般而言，竞争性和冲突性并存，公共文化消费对居民文化消费支出的最终影响取决于二者之间的力量对比。

虽然"挤出效应"与"挤入效应"同时存在，但在不同地区、不同发展阶段、不同主体上体现出来的必然只是其中某一种效应占据主导地位。一般而言，当消费者收入水平比较低，文化资本存量不太丰富，文化需求层次相对较低时，会倾向于选择公共文化消费来替代私人文化消费支出。调查结果显示，低收入、低学历以及退休人群更加青睐于公共文化产品消费[②]（解学芳，2011），正是说明了这一点。但是，公共文化服务只能提供基本的、大众化的文化

---

① 此部分内容已发表，详见：高莉莉，许俊鹏. 公共文化消费挤出居民文化消费支出了吗？——基于面板门槛模型的实证检验 [J]. 文化产业研究，2019（1）：64－78.

② 解学芳. 公共文化产品供给绩效与文化消费生态研究——以上海为例 [J]. 统计与信息论坛，2011（7）：104－111.

产品和服务，难以满足高层次的、个性化的文化消费需求。消费者在追求高层次的文化需求时，对文化商品和服务价格变动的敏感程度也会降低，成为一种相对比较刚性稳定的支出。消费者的文化需求层次与消费者自身的收入水平、文化资本水平存在正向关系。当基础性、标准化的公共文化消费满足不了需求，居民必须通过付费的形式获得消费型文化产品来补充满足特殊化、高层次的文化需求①（陈立旭，2015）。伴随收入水平的提高、文化消费增加，文化品位的内化实现文化资本积累，并促进文化产品的带动性消费②（赵迪、张宗庆，2016），进一步地，文化资本积累形成更丰富、更高层级的文化需求，从而推进文化消费结构升级。

综合上述分析，提出以下两种假说。

假说1：公共文化消费对居民文化消费支出的影响存在收入水平门槛效应和文化资本门槛效应。

假说2：公共文化消费对居民文化消费支出的影响存在阶段性，最终"挤入效应"将起主导性作用。

一、模型设定及基本原理

为探索公共文化消费对居民文化消费支出的非线性影响，本书参照 B. E. 汉森（B. E. Hansen，1999）设定单一面板门槛回归模型如式（6-6）：

$$ccon_{it} = \mu_i + \alpha' X_{it} + \beta_1 pcon_{it} I(q_{it} < \gamma) + \beta_2 pcon_{it} I(q_{it} \geq \gamma) + \varepsilon_{it} \quad (6-6)$$

其中，i 表示个体，t 表示时间。居民文化消费支出（$ccon$）为被解释变量，公共文化消费（$pcon$）为核心解释变量，X_{it} 为一组控制变量，α' 为与控制变量相对应的一组系数向量。q_{it} 为门槛变量，

---

① 陈立旭. 公共文化服务的均等化与效率 [J]. 中共浙江省委党校学报，2015（1）：19-25.

② 赵迪，张宗庆. 文化消费推动我国消费增长及其结构改善吗？——基于省际面板数据的实证研究 [J]. 财经论丛，2016（2）：3-10.

γ 为待估计的门槛值，$I(\cdot)$ 为示性函数，若括号中表达式为真，取值为 1；反之取值为 0。μ_i 为个体截距项，扰动项 ε_{it} 满足独立同分布。

根据 B. E. 汉森（B. E. Hansen，1999），模型估计的基本思路是：给定 γ 的取值，对方程进行一致性估计得到估计系数 $\hat{\beta}(\gamma)$ 以及残差平方和 $SSR(\gamma)$，利用网格搜索法，选择 $\hat{\gamma}$ 使得 $SSR(\hat{\gamma})$ 最小，从而确定最优的估计系数 $\hat{\beta}(\hat{\gamma})$。

关于门槛效应的显著性检验包括两步：第一步，门槛效应的存在性。单一门槛模型的原假设是：$H_0: \beta_1 = \beta_2$，若原假设成立，则不存在门槛效应；若拒绝原假设，则存在门槛效应。检验统计量为：

$$LR = \frac{(SSR^0 - SSR(\hat{\gamma}))}{\delta^2} \qquad (6-7)$$

其中，SSR^0 为原假设 "$H_0: \beta_1 = \beta_2$" 得到的残差平方和，$SSR(\hat{\gamma})$ 为存在门槛效应时的 OLS 残差平方和，而 $\delta^2 = \dfrac{SSR(\hat{\gamma})}{n(T-1)}$。

显然 $SSR^0 \geqslant SSR(\hat{\gamma})$，且 SSR^0 与 $SSR(\hat{\gamma})$ 的差额越大，越倾向于拒绝原假设，则越可能存在门槛效应。B. E. 汉森（B. E. Hansen，1999）建议用 Bootstrap 来模拟似然比检验的渐进分布及临界值，如果拒绝原假设，则进行双门槛、多门槛检验。

第二步，门槛效应的真实性。假设 γ 为真实门槛值，$\hat{\gamma}$ 为 γ 的一致估计量，原假设为 $H_0: \hat{\gamma} = \gamma$，似然比估计量为：

$$LR = \frac{(SSR(\gamma) - SSR(\hat{\gamma}))}{\delta^2} \qquad (6-8)$$

其中，$\delta^2 = \dfrac{SSR(\hat{\gamma})}{n(T-1)}$。当 $LR(\gamma) \leqslant c(a) = -2\ln(1 - \sqrt{1-a})$ 时（其中，a 表示显著性水平），不能拒绝门槛值真实的原假设；否则，则在显著性水平 a 上拒绝原假设。

二、变量选择

（一）被解释变量

居民文化消费支出（*ccon*），以人均文化消费支出作为居民文化消费水平的度量指标。为保证计算口径一致，采用教育文化娱乐服务三项加总作为文化消费的代表性指标，通过加权方式得到全国居民人均文化消费支出，具体方法为：全国居民人均文化消费支出 = 城镇家庭人均教育文化娱乐服务支出 × 城镇人口比重 + 农村家庭人均文教娱乐用品及服务支出 × 农村人口比重。

（二）解释变量及控制变量

（1）核心解释变量：公共文化消费（*pcon*）。公共文化消费主要源于政府提供的公共文化服务。虽然公民、社会团体和企业等可以通过兴办实体、项目资助、设施提供等方式参与公共文化服务供给[①]（马艳霞，2015），但因为公共文化服务的公共物品性质，仍然以政府为主导。公共文化设施建设、平台打造、文化惠民活动开展以及"文化消费试点城市"建设等不同的文化消费促进政策都涉及公共文化支出，因而此处以人均文化事业费作为公共文化消费的代理变量。

（2）门槛变量：收入（*pgdp*）。收入通常被认为是影响消费的重要因素，文化消费领域也不例外（王俊杰，2012；刘晓红，2013）。以当期人均实际 GDP 代表收入水平，该数据用当年人均GDP 通过 CPI 平减得到，度量消费者的经济消费能力。

文化资本（*ccap*）。教育对于个人获得、处理信息能力的提升

---

① 马艳霞. 公共文化服务体系构建中民间参与的主体、方式和内容［J］. 图书情报工作，2015（6）：5－11.

作用显而易见，成为大众积累文化资本的一般途径。借鉴学者（Favaro & Frateschi，2007；Quintero & Martos，2012）的研究，以教育水平作为文化资本的代理变量。具体做法是：以"6 岁及以上人口"作为统计基础，"未上过学"的教育年限记为 0，"小学"记为 6 年，"初中"记为 9 年，"高中"记为 12 年，"大专及以上"记为 16 年，以各种受教育年限乘以相应的人口比例，加总求和即可得到我国各地区的平均受教育年限。

（3）控制变量：包括文化供给、开放程度、科技创新和文化融合度。其中，用度量文化市场活力的文化市场经营机构数作为文化供给（sup）的代理变量，考察居民文化消费环境；以进出口总额占 GDP 的比重来代表对外开放程度（open），测度开放程度对于文化消费支出的重要影响；以互联网覆盖率代表科技创新程度，测度科技创新（tec）对于文化消费支出的影响力度；以入境游客占本国人口比重来考察文化的多元性和融合度（cint）对文化消费的影响。

三、数据来源

本节采用 2001 ~ 2014 年我国 30 个省（区、市，除西藏及我国港、澳、台地区外，下同）的面板数据。数据来源包括《中国统计年鉴》（2002 ~ 2015）、《中国文化文物统计年鉴》（2002 ~ 2015）、《中国人口和就业统计年鉴》（2002 ~ 2015），部分数据来源于国研网。变量描述性统计结果见表 6 - 6。

表 6 - 6　　　　　　　　　变量描述性统计

变量名	均值	标准差	最小值	最大值	变量含义
ccon	896.4	644.2	153.6	3794	文化消费支出：人均文化消费支出
pcon	23.68	22.91	2.510	137.1	公共文化消费：人均文化事业费
pgdp	26927	20558	2895	105231	收入水平：平减后人均 GDP

续表

变量名	均值	标准差	最小值	最大值	变量含义
ccap	8.429	0.996	5.970	12.03	文化资本水平：人均受教育年限
sup	7886	5407	33	25770	文化供给：文化市场经营机构数
open	33.06	40.99	3.570	179.9	开放程度：进出口总额占 *GDP* 比重
tec	23.40	18.56	0.530	74.04	科技水平：互联网普及率
cint	5.400	6.961	0.050	32.94	文化融合度：入境游客占本国人口比重

资料来源：笔者整理。

四、实证结果分析

分别以收入、文化资本作为门槛变量，说明公共文化消费对于居民文化消费支出的差异性影响。首先需要通过门槛效应检验来确定是否存在门槛效应以及门槛的个数。如果检验结果显示不存在显著门槛效应，则面板门槛模型就转化成普通的面板回归模型。依次在不存在门槛、单一门槛和双重门槛的假设下对模型进行估计，得出原假设下的 F 统计量和采用自抽样法得出的 p 值如表 6-7 所示[①]。

由表 6-7，收入水平的双重门槛检验的 LR 统计量在 1% 显著性水平上通过检验，拒绝原假设，确定为双重门槛模型；以文化资本水平作为门槛变量看，单门槛检验的 LR 统计量在 5% 的显著性水平下通过检验，说明应当拒绝不存在门槛效应的原假设，存在单一门槛。

---

① 本节考虑了收入水平和教育水平两个门槛变量，但在门槛回归中每次添加的门槛变量超过一个，会产生多重共线性问题，因而下面的实证过程会分别进行门槛回归。

表 6 - 7　　　　　　　　　门槛模型检验

门槛变量	假设检验	F 值	p 值	{1%、5%、10%临界值}
收入	存在单一门槛	117.89 ***	0.000	{54.45、40.61、33.63}
	存在双重门槛	67.53 ***	0.000	{39.04、31.46、26.48}
文化资本	存在单一门槛	32.45 **	0.038	{46.32、29.61、23.93}

注：(1) p 值和临界值均为 Bootstrap 反复抽样 400 次得到的结果；(2) ***、**分别表示在 1%、5% 水平下显著。

资料来源：笔者整理。

由表 6 - 8，门槛参数的估计值是似然比检验统计量 LR 为零时 γ 的取值，收入水平的两个门槛值分别为 38909 元/人、73124 元/人，文化资本水平门槛值为 9.25 年，且都处于 95% 的置信区间之内，说明门槛值真实有效。

表 6 - 8　　　　　　　　门槛估计值及置信区间

门槛变量	门槛值	估计值	95% 的置信区间
收入	γ_1	38909	[37539, 39613]
	γ_2	73124	[68409, 78989]
文化资本	γ_1	9.25	[9.22, 9.28]

资料来源：笔者整理。

根据估计的收入门槛值，将 30 个省（区、市）分为低收入水平地区 {pgdp<38909}、中等收入水平地区 {38909≤pgdp<73124} 和高收入水平地区 {pgdp≥73124}。根据估计结果，不同收入水平条件下，公共文化消费对居民文化消费支出的影响系数分别为 -1.847、3.349 和 7.930，且估计结果显著。这可能是因为，在经济发展程度和人均收入水平较低的地区，居民没有多余的经济能力来承担额外的文化消费支出，文化消费需求主要依靠公共文化消费来满足，此时，公共文化消费对居民文化消费产生"挤出效应"。当居民收

入水平提高，人们会产生更高层次的文化消费需求，这是基本的公共文化消费满足不了的，此时，公共文化消费对居民文化消费支出产生"挤入效应"。因而在经济发展水平提高、人均收入增加的过程中，公共文化消费对居民文化消费的影响效应存在着由负向正的转折性变化，这也证实了之前的假设。

　　根据估计的文化资本门槛值，将 30 个省（区、市）分为高文化资本水平地区 $\{ccap \geqslant 9.25\}$ 和低文化资本水平地区 $\{ccap < 9.25\}$。表 6 - 9 的回归结果显示，高文化资本地区，公共文化消费对居民文化消费支出的影响系数为 5.34；而低文化资本地区，公共文化消费对居民文化消费支出的影响系数则仅为 1.497。这意味着在不同文化资本水平地区，人均公共文化消费每增加 1 元所带来的居民文化消费支出增加量存在显著不同。与设想的不同，在我国文化资本水平比较低的地区，也并未有"挤出效应"占主导的情况出现，这可能由两个方面的原因造成：一是与我国九年制义务教育的推行以及 2000 年之后"扩招"等教育改革所带来的教育深化有关系，我国的文化资本水平足以促使人们在公共文化消费之外寻求更高层级的文化消费；二是目前我国的公共文化供给与人们的消费需求结构并不一定能够完全吻合，不能真正满足消费需求，推动消费者转向市场，但文化资本水平更高的地区"挤入效应"更强也足以说明公共文化消费的阶段性影响。

表 6 - 9　　　　　　　　　　　模型估计结果

解释变量	教育门槛模型		收入门槛模型	
	估计系数	t 值	估计系数	t 值
Pcon - 1 $\{ccap < 9.25\}$	1.497*	1.70	—	—
Pcon - 2 $\{ccap \geqslant 9.25\}$	5.340***	5.78	—	—
Pcon - 1 $\{pgdp < 38909\}$	—	—	- 1.847*	- 1.82
Pcon - 2 $\{38909 \leqslant pgdp < 73124\}$	—	—	3.349***	3.56

续表

解释变量	教育门槛模型		收入门槛模型	
	估计系数	t 值	估计系数	t 值
Pcon − 3{pgdp≥73124}	—	—	7.930***	10.04
pgdp	0.016***	10.95	—	—
ccap	—	—	139.696***	4.28
sup	0.004*	1.84	0.009***	3.97
cint	15.146***	3.98	10.020**	2.56
tec	3.771***	2.66	13.790***	10.07
open	2.152***	2.99	1.782**	2.35
cons	113.845***	3.95	−817.705***	−3.28
R^2	0.903	—	0.901	—
N	420	—	420	—

注：***、**、*分别表示在1%、5%和10%水平下显著。
资料来源：笔者整理。

以 2014 年的数据为基准，根据收入水平和文化资本水平两个门槛变量，将除西藏以外的 30 个省（区、市）分成 5 组（表 6-10）。结合前面的分析发现（见表 6-10）。

表 6-10　　我国部分省（区、市）按照收入水平、教育水平分组结果

组别	特征	数量	代表性省份
1	低人均收入、低文化资本的省份{pgdp < 38909；ccap < 9.25}	8	安徽、江西、河南、四川等
2	低人均收入、高文化资本的省份{pgdp < 38909；ccap≥9.25}	1	山西
3	中等人均收入、低文化资本的省份{38909≤pgdp < 73124；ccap < 9.25}	13	湖北、山东、福建、浙江等

续表

组别	特征	数量	代表性省份
4	中等人均收入、高文化资本的省份 $\{38909 \leqslant pgdp < 73124 ; ccap \geqslant 9.25\}$	4	黑龙江、吉林、广东、辽宁
5	高人均收入、高文化资本的省份 $\{pgdp \geqslant 73124 ; ccap \geqslant 9.25\}$	4	江苏、上海、北京、天津

资料来源：笔者整理。

　　第一组是以安徽省、江西省等省（区、市）为代表的低人均收入和低文化资本水平的省（区、市），第二组是以山西省为代表的低人均收入和高文化资本水平的省（区、市）。这两组具有相似之处：人均收入低于38909元的门槛值，公共文化消费对居民文化消费支出带来负的影响，产生"挤出效应"；不同状态的文化资本水平都会促使公共文化消费带来居民文化消费支出的增加，但是更高的文化资本水平会带来更强的"挤入效应"。因而对于这两组而言，最重要的是提高居民人均收入水平，使其跨越38909元的门槛值，将公共文化消费的影响由负转正，将"挤出效应"转变为"挤入效应"。

　　第三组是以湖北省、山东省等省（区、市）为代表的中等人均收入和低文化资本水平的省（区、市）；第四组是以广东省、辽宁省等省（区、市）为代表的中等人均收入和高文化资本水平的省（区、市）；第五组是以北京市、上海市等省（区、市）为代表的高人均收入、高文化资本水平的省（区、市）。对于这三组而言，在超越低收入门槛的情况下，公共文化消费对居民文化消费支出产生"挤入效应"，但只有第五组的北京市、上海市、天津市和江苏省四个省（区、市）将这种效应发挥到最大，而其他的两组还有提高收入水平和文化资本水平以扩大"挤入效应"的空间。

第五节　本章小结

本章以全国省级面板数据为基础，考察以文化遗产和文化市场供给为代表的文化资源、公共文化服务和互联网络对居民文化消费支出产生的影响。这里假设文化资源的存在、公共文化服务的供给和互联网络的发展能营造良好的文化氛围，促使文化资本进一步积累，促进文化消费增长。经过分析，本章得出以下四点主要结论。

第一，以文化遗产和文化市场供给为代表的文化资源对文化消费支出存在显著的积极影响。相对而言，文化遗产的影响比较微弱，文化市场供给的影响更加显著。文化遗产作为文化资本的重要组成部分，对文化消费的影响主要体现在文化氛围和文化环境上，因而文化遗产对文化消费的影响是间接的；市场文化供给直接构成消费者面临的选择集，对文化消费的影响更加直接。

第二，公共文化服务体系对居民文化消费支出的影响是双重的。一方面，公共文化服务体系为公民提供免费的文化服务，积累文化资本，营造文化氛围，促进文化消费，存在"挤入效应"；另一方面，免费公共文化服务挤压市场文化消费支出，存在"挤出效应"。从实证分析结果看来，公共文化服务体系基础设施完善并未造成文化消费的大量增加，而是相反；但居民对公共文化服务的参与度却会增加文化消费需求，这其中可能的原因就是居民文化资本的增加。此外，互联网络提供的免费文化服务对文化消费支出也存在显著负向影响，这与公共文化服务对文化消费的影响存在相似的内在作用机制。

第三，公共文化消费对居民文化消费支出存在收入水平和文化资本水平的门槛效应。实证分析结果显示，当跨越 9.25 年的文化资本水平门槛，公共文化消费产生更强的"挤入效应"，显著增加居民文化消费支出；当人均 GDP 超越 38909 元的门槛值，公共文化消费对居民文化消费支出的影响效应由负转正，由"挤出效应"转化为明显的"挤入效应"，且有随收入增加效应增强的趋势。

第四，本章研究的启示在于：不同经济发展水平和文化资本水平下，公共文化消费对居民文化消费支出的影响效应不一样，各个地区在不同阶段对公共文化消费的要求也是有差异的，收入水平较低对公共文化消费的依赖程度相对较高，因而要根据收入水平和文化资本水平的差异调整公共文化服务供给内容和供给方式。同时，要进一步提高文化资本水平，增加居民人均收入，将公共文化消费的"挤出效应"转化为"挤入效应"，真正提高居民的文化消费水平，为建设社会主义文化强国奠定基础。

第七章

文化资本与文化消费的
理性致瘾：动态选择

前面章节已经从微观和宏观的视角分别考察了文化能力、文化资源对文化消费的影响，但是文化资本与文化消费的关系并非单向的关系，而是存在双向的影响。文化资本能使消费者更好地消费文化商品和享受文化服务，文化消费的过程同时也是文化资本积累的过程，也就是说，文化资本积累和文化消费是一个良性循环的动态过程。文化资本积累使消费者有能力也更愿意去消费更多、更好的文化产品或服务，从而使得文化消费领域出现理性致瘾现象。本章利用 BGM 模型检验了文化消费领域中的理性致瘾现象，从而为相应政策的执行奠定理论基础。

第一节　相关研究基础

伴随新的经济现象的出现和人类行为模式的转变，很多假设条件被放宽，经济模型得以不断地拓展。文化消费需求模型也在传统需求模型的基础上，添加消费惯性因素和理性成瘾的考虑，向短视成瘾模型和理性致瘾模型转变。

一、传统需求模型

传统需求模型以马歇尔需求理论为指导，将商品自身价格、相关商品价格、消费者收入水平、消费者偏好和消费者对于未来价格的预期作为影响商品需求量的最基本因素。很多学者放弃了文化商品的独特特征，将文化商品或服务看作普通的消费品，抓住文化商品与一般商品的共性，采用新古典理论来分析和解释文化消费行为。在需求领域，最直接的影响因素是产品自身的价格和消费者的收入（Moore，1968）。G. A. 威瑟斯（G. A. Withers）将表演艺术自身票价、替代品价格、收入和收入分配等经济因素纳入模型，发现表演艺术受到相对价格和收入的显著影响[1]。S. 卡梅隆（S. Cameron）基于20世纪50年代以来电影观看人数的急剧下降现象以及收入普遍增长的经济事实，展开了对电影是劣等品（inferior good）还是对优等品（superior good）的讨论。S. 卡梅隆分析了影响电影需求的相对价格、实际可支配收入、市场人口数、电影院数量、电视数量等因素，并重点研究了电影的需求收入弹性，研究发现，电影市场存在很高的、显著的需求收入弹性[2]。R. 德温特和 M. 韦斯特曼（2005）对1950~2002年的德国电影市场实证研究发现，德国电影需求与收入正相关，与替代品的价格显著正相关；电影需求随票价或者其他互补品的价格上升而下降；伴随电视机和录像机的发明和推广，电影需求显著下降；与此相对应，人均收入的上升和参与人数的上升也会带来电影供给的增加。L. 博纳托（L. Bonato）、F. 加格里亚蒂（F. Gagliardi）和 S. 格维利（S. Gorelli）运用包括短期供给变化影响的传统需求函数实证分析了1964~1985年意大利表演艺术参与情况。结果显示，实际收入变动和表演场次会导致观看表演艺术的次数显著增加，但是收入和供给效应也会被自身的价格和电视覆盖率的提高抵消掉一部分。同时，时间机会成本在消费决策

①　Withers G A. Unbalanced Growth and the Demand for Performing Arts：An Econometric Analysis [J]. Southern Economic Journal，1980：735 – 742.

②　Cameron S. The Demand for Cinema in the United Kingdom [J]. Journal of Cultural Economics，1990，14（1）：35 – 47.

中也扮演着重要角色①。C. 约尔特·安德森（C. Hjorth Andersen）考虑了图书的平均价格、实际可支配收入、每年新出的图书、时间等因素对图书需求的影响，也发现复印和出版技术的进步对图书需求的影响非常显著②。总体而言，上述对于文化消费需求的分析将价格效应、收入效应、技术变化、产品供给、相关商品价格变化等新古典经济学需求的影响因素都考虑在内，虽然考虑了时间因素对于文化消费的制约，但是总体上仍然囿于传统经济理论的框架和对于一般商品的分析，文化消费的特殊性所带来的影响并未包含在内，因而有必要做进一步的拓展。

二、短视成瘾模型

消费者的消费行为往往会受到过去消费即消费习惯的影响。J. 杜森贝利（1949）认为，消费习惯在时间上具有不可分割性或者说"持续性"，过去的消费习惯一定程度上会影响消费者现在的消费，而且消费习惯一旦形成难以迅速改变。伴随消费习惯的形成，效用不仅取决于现期消费支出，还依赖于滞后消费支出所形成的"习惯储备"（Deaton，1992）。研究也发现，具有消费习惯的家庭，其最优消费行为不仅取决于收入，而且取决于过去的消费水平；在非预期持久性收入冲击下，消费者也仍然会倾向于保持他们过去的消费水平（Gruber，2004；Kano，2009）。这种依赖于过去消费习惯的现象称为短视成瘾。

短视成瘾模型是 H. 霍撒克（H. Houthakker）和 L. 泰勒（L. Taylor）于 1970 年提出来的，模型的核心假设是：商品的当期消费

---

① Bonato L, Gagliardi F, Gorelli S. The Demand for Live Performing Arts in Italy [J]. Journal of Cultural Economics, 1990, 14 (2): 41–52.

② Hjorth – Andersen C. A Model of the Danish Book Market [J]. Journal of Cultural Economics, 2000, 24 (1): 27–43.

依赖于其前期消费，当期需求是前期累积需求的函数①。"文化消费可以被理解成一个过程，这个过程会增加当期满意度，同时积累的知识和体验也会影响未来消费"（Throsby，1994）。T. 马斯特斯（T. Masters）、R. 拉塞尔（R. Russell）和R. 布鲁克斯（R. Brooks）认为，消费者的文化商品或服务消费，一定程度上受人口学统计特征的影响，但是过去的文化创意艺术品支出（即文化消费支出）是影响需求的重要决定因素②，也就是说现期消费与过去的消费体验息息相关。将过去的消费体验纳入古典的需求模型，就形成短视成瘾模型。但G. 贝克尔（G. Becker）和K. 墨菲（K. Murphy）认为，短视行为容易忽略未来行为的后果，而如果能同时将过去和未来消费都考虑进去，则消费者行为就是完全理性的，因而他们拓展出理性致瘾模型，以最大化消费者的跨期效用水平③。

三、理性致瘾模型

很多充斥于消费者日常生活的习惯都可以称为"上瘾"。人们不仅会对酒精、咖啡因和香烟上瘾，还会对工作、吃、音乐、电视、生活标准、宗教和许多其他活动上瘾。G. 贝克尔和K. 墨菲（1988）提出理性致瘾理论，该理论的核心观点在于个人跨越时间的效用最大化，增加过去消费能提升现在的消费（G. Becker & K. Murphy，1988；Iannaccone，1986；Leonard，1989；G. Becker，1992）。G. 贝克尔，M. 格罗斯曼（M. Grossman）和K. 墨菲搜集了1955～1985年的香烟消费和价格数据，并与跨州的香烟价格信

---

① Houthakker H. , Taylor L. Consumer Demand in the United States: Analyses and Projections [J]. Economica, 1970, 34 (34): 234.

② Masters T, Russell R, Brooks R. The Demand for Creative Arts in Regional Victoria, Australia [J]. Applied Economics, 2011, 43 (5): 619 – 629.

③ Becker G. S. , Murphy K. M. A Theory of Rational Addiction [J]. Journal of Political Economy, 1988, 96 (4): 675 – 700.

息相匹配形成数据库。在此基础上，他们建立模型评估了现在消费与未来消费，他们认为，最重要的问题在于未来消费是内生的，因而利用未来价格作为未来消费的工具变量。研究结果发现，未来价格对于现期香烟需求量具有显著影响，支持了贝克尔－墨菲模型中所暗示的预见性行为的假设[①]。J. 格鲁伯（J. Gruber）和 B. 克塞吉（B. Köszegi）在对贝克尔－墨菲模型进行质疑的基础上，以"理性致瘾"模型为基础发展了一个新的上瘾行为模型，但是将时间不一致偏好考虑进去。结果发现，最优政府决策不仅取决于抽烟者对其他人造成的外部性，而且取决于抽烟者对自身造成的内在性[②]。B. 巴尔塔吉（B. Baltagi）和 J. 格里芬（J. Griffin）2002 年将临近地区香烟的最低真实价格纳入贝克尔－格罗斯曼－墨菲模型之中，并利用美国 42 个州 1959～1994 年酒类消费的面板数据，实证研究结果证实了 G. 贝克尔和 K. 墨菲提出的理性致瘾假设[③]。

当个体消费者消费某种商品或服务的数量越多，消费者对该商品或服务越容易上瘾。"当行为个体在自身较高的体验水平上所面对的当期消费易上瘾物品的引诱比在较低的体验水平上所面对的引诱更强"[④]（杨剑侠等，2009），即具有习惯形成性的商品或服务，越是容易成为成瘾商品。成瘾商品包括药物（Grossman & Chaloupka，1998；Bretteville – Jensen & Biorn，2003）、香烟（Chaloupka，1991；Pierani & Tiezzi，2009）、酒精（Waters & Sloan，1995；Grossman et al. , 1998；Bask & Melkersson，2004；Castiglione et al. ,

① Becker G. S. , Grossman M, Murphy K M. An Empirical Analysis of Cigarette Addiction [J]. American Economic Review, 1994, 84 (3): 396 – 418.

② Gruber J, Köszegi B. Is Addiction "Rational"? Theory and Evidence [J]. The Quarterly Journal of Economics, 2001, 116 (4): 1261 – 1303.

③ Baltagi B H, Griffin J M. Rational Addiction to Alcohol: Panel Data Analysis ofLiquor Consumption [J]. Health Economics, 2002, 11 (6): 485 – 491.

④ 杨剑侠，陈宏民，包兴. 运营商利用消费者的上瘾行为定价了吗——来自中国网络游戏产业的经验证据 [J]. 经济学（季刊），2009 (7): 1329 – 1382.

2011）、咖啡（Olekalns & Bardsley, 1996；Grossman& Chaloupka, 1998）等，电影、戏剧等文化产品或服务也是这样的易成瘾商品。文化商品是特殊的经济商品，它们具有某些一般消费商品所不具有的特征，文化消费需求依赖于品位的培养（Brito & Barros, 2005；McCain, 1979）以及消费者"消费资本"的积累，正是这种特性使文化消费商品或服务易成瘾。

关于文化消费中文化资本的积累，通常有两种主要的研究视角：一是"文化资本积累"视角（Stigler & Becker, 1977；Becker & Murphy, 1988）。在理性偏好假设下，消费者当期对于文化商品或者服务的消费可以增加文化资本，促进未来消费获得更高的效用。一般而言，过去的文化消费越多，对未来的文化消费需求就越强。因为过去的文化消费经历会累积形成文化消费品位，文化消费品位构成文化资本，提高文化消费能力，从而促进未来消费。这种动态的积累过程用公式表示出来，即：$k_t = \gamma k_{t-1} + c_{t-1}$，其中 $\gamma \in [0, 1)$，表示文化资本的折现率。这说明 t 期的文化资本存量取决于 $t-1$ 期的文化资本存量与 t 期的文化消费之和，可见前期的文化消费对后期的文化消费具有重要的影响，文化资本是一个动态积累的过程。二是"消费中学习"的视角（Brito & Barros, 2005），消费文化商品或服务的过程，对消费者而言是一个学习的过程。在消费学习中，会产生或正面或负面的反馈，那些获得正反馈的消费者会增加未来的文化消费。通过不断的学习和筛选，逐渐形成自身的偏好结构，形成稳定的文化消费偏好，在这个过程中也逐渐积累起文化资本。

不管是基于何种视角的研究都可以发现：由于偏好在时间上的不可分性，当期文化消费都会对下期文化消费产生重要的影响，体现为文化消费习惯。消费者一旦形成文化消费习惯，也就形成了对于文化商品或服务的长期消费欲望，短期之内难以改变。因而，在文化消费过程中，必须考虑过去消费对文化消费的影响，尽管影响的路径并不相同。图 7-1 反映的是"文化资本积累"情况下文化需求与效用之间的关系，是一种凸函数；图 7-2 反映的是"消费中学习"情况下文化需求与效用之间的关系，是一个凹函数。

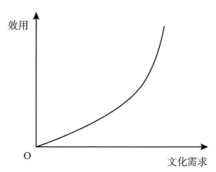

图 7 – 1 "文化资本积累"：文化需求与效用关系

资料来源：笔者整理。

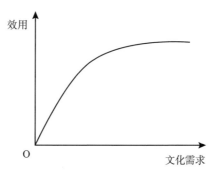

图 7 – 2 "消费中学习"：文化需求与效用关系

资料来源：笔者整理。

过去的文化消费经历会促使文化资本的积累，增强文化消费能力，从而导致文化消费支出的进一步增加，因而，可以说文化消费具有上瘾性。但这种上瘾不局限于过去文化消费对现期文化消费的影响，而且还体现为对未来文化消费的影响。也就是说，文化消费选择在一定时期内会保持一致性，具有一定的黏性。"文化消费可以理解为这样一个过程，它既能满足当前的需求，又是一个影响未来消费的知识和经验的积累过程"[①]（李红等，2013）。F. 哈劳普卡（F. Chaloupka）等也认为，上瘾物品的消费不完全基于以前的消费，一定程度上也是基于对未来消费行为的感知[②]。也就是说，消费者在对上瘾商品当前消费的时候，已经对未来可能文化消费支出及相关商品或服务的价格进行了预估，并对可能的价格变化做好了心理准备。对此，我们将其理解为一个理性致瘾的过程。

　　文化消费与文化资本积累之间是相互作用、相互影响的动态关系，也正是因为二者之间的这种正反馈关系，使其能够满足理性致瘾模型的条件。按照 G. 贝克尔和 K. 墨菲（1988）的理性成瘾理论，存在上瘾的文化消费满足以下两个条件：一是消费者是理性的。消费者之所以选择过度消费某种产品，主要是因为该产品带来的满足感和效用的增加，大于成本的付出以及价格上涨带来的负面影响。二是消费需求的弹性较低。此处的弹性既包括需求价格弹性，也包括需求收入弹性。因为对产品成瘾，导致消费者对于产品市场价格不敏感，受当期收入的约束较弱，从而导致需求弹性较低。上瘾对文化商品影响很强，在表演艺术（歌剧、古典音乐、爵士、古典和现代舞蹈等）和严肃戏剧（Throsby，1994）、电影（Cameron，1999；Yamanura，2009；Sisto & Zanola，2010）等方面都存在，C. 卡斯蒂戈隆（C. Castiglione）和 D. 英凡特（D. Infante）2013 年利用 1980~2009 年意大利 20 个地区的数据测试了短视成瘾模型和理性致瘾模型。研究发现，过去和未来消费对现在的戏剧消费都有重要影响，戏剧需求与理性致瘾方法是一致的[③]。

————————

　　① 李红，邹月媚，彭慧丽. 国际文化经济学：文化合作经济分析的理论框架 [J]. 浙江学刊，2013（3）：167–176.

　　② Chaloupka，F J. Rational Addictive Behavior and Cigarette Smoking [J]. Journal of Poliical Economy，1991，99（4）：722–742.

　　③ Castiglione C，Infante D. Rational Addiction and Theatre Attendance. A Panel Approach Using Italian Data [J]. The Empirical Economics Letters，2013，12（10）：1155–1161.

第二节 模型设定与变量说明

一、实证模型

理性致瘾的核心观点在于：个人是理性的，为实现效用最大化，不仅要考虑现期消费，还要考虑过去的消费。某人之所以对一种商品上瘾，仅在这种商品的过去消费增加现期消费边际效用的情况下。将累积消费视为出现在效用函数之中的状态变量（文化资本或习惯），模型就变成一个动态优化的过程。在给定消费者具有稳定偏好的前提下，增加具有成瘾特性商品的前期和后期消费，都会增加消费者的现期消费。检验理性成瘾性假设，也就等同于在给定消费者稳定偏好的前提下，验证消费者的现期消费是否依赖于前期和后期的消费。若依赖程度越高，该商品的理性成瘾性就越大[①]。G. 贝克尔、M. 格罗斯曼和 K. 墨菲 1994 年以香烟为例，建立模型进行分析（以下简称为 BGM 模型），考察理性致瘾的一般特征[②]。根据 BGM 模型，消费者的选择在于最大化生命期内的效用，在折扣率 r 下，模型表示为：

$$\max \sum_{t=1}^{\infty} \beta^{t-1} U(C_t,\ C_{t-1},\ Y_t,\ e_t) \qquad (7-1)$$

$$\text{s. t.} \quad \sum_{t=1}^{\infty} \beta^{t-1}(Y_t + P_t C_t) = A^0 \qquad (7-2)$$

---

① Becker G S, Murphy K M. A Theory of Rational Addiction [J]. The Journal of Political Economy, 1988: 675–700.

② Becker G. S., Grossman M., Murphy K. M. An Empirical Analysis of Cigarette Addiction [J]. American Economic Review, 1994, 84 (3): 396–418.

其中，$\beta = \frac{1}{1+r}$，C_t 是 t 期香烟消费的数量，Y_t 是 t 期其他综合商品的消费，e_t 反映了不可测量的生命周期变量对效用的影响。模型假设综合商品 Y 为单位价格，并假定利率与时间偏好率相等。约束条件中，P_t 为 t 期香烟的价格，C^0 为初始香烟消费水平；A^0 为财富现值。一阶条件要求财富的边际效用等于每期其他消费的边际效用 Uy，即：

$$U_y(C_t,\ C_{t-1},\ Y_t,\ e_t) = w \qquad (7-3)$$

现期香烟消费的边际效用 U_1 加上现期消费的下期效用所带来的折扣边际影响 U_2，等于财富边际效用的现值，即：

$$U_1(C_t,\ C_{t-1},\ Y_t,\ e_t) + \beta U_2(C_{t+1},\ C_t,\ Y_{t+1},\ e_{t+1}) = wP_t$$
$$(7-4)$$

找出 C_t 的一阶条件，发现：

$$C_t = \beta_1 C_{t-1} + \beta_2 C_{t+1} + \beta_3 P_t + \theta_1 e_t + \theta_2 e_{t+1} \qquad (7-5)$$

式（7-5）表明现期香烟消费是过去香烟消费（C_{t-1}）和未来香烟消费（C_{t+1}）、P_t 和不可观测变量 e_t、e_{t+1} 的函数。BGM 模型将 C_{t-1} 和 C_{t+1} 视为内生，将滞后期和未来价格作为工具变量，并在模型中加入收入、短期和长期的走私指数和税收等其他外生变量。模型结果显示，滞后消费对现期消费产生积极影响，并且在统计上显著，表明消费习惯会影响当期消费支出；未来消费的估计系数也为正且统计上显著，这意味着香烟的未来消费也会影响现在的消费水平，香烟消费过程中存在理性致瘾。

以 BGM 模型为基础，结合 B. 巴尔塔吉和 J. 格里芬（2002）和 C. 卡斯蒂戈隆和 D. 英凡特（2013）的研究，将微观模型运用到宏观文化消费领域，构建下列的文化消费理性致瘾模型：

$$consume_{it} = \alpha + \beta_1 consume_{i,t-1} + \beta_2 consume_{i,t+1} + \beta_3 price_{it} + \beta_4 price_{i,t-1}$$
$$+ \beta_5 price_{i,t+1} + \beta_6 income_{it} + \beta_7 priceother_{it} + \beta_8 supply_{it}$$
$$+ \beta_9 education_{it} + \beta_{10} urban_{it} + \beta_{11} people_{it} + \varepsilon_{it} \qquad (7-6)$$

其中，被解释变量 $consume_{it}$ 为 i 地区 t 时期人均消费量，解释变量包括被解释变量的一阶滞后 $consume_{i,t-1}$ 和一阶引领 $consume_{i,t+1}$，根据 F. J. 查卢普卡（F. J. Chaloupka，1991）和山野（Yamanura，2009），i 地区 t 时期的文化消费价格 $price_{it}$ 以及其一阶滞后 $price_{i,t-1}$ 和未来一阶引领 $price_{i,t+1}$ 被加入其中作为工具变量，$income_{it}$ 代表人均收入，其他替代商品的价格（$priceother_{it}$）、供给商品（$supply_{it}$）、教育水平（$education_{it}$）、城市化水平（$urban_{it}$）以及该地区的旅游人数（$people_{it}$）等在内的控制变量也被加入其中。

二、变量选择

1. 被解释变量

文化消费支出（$consume_{it}$），表示 i 地区 t 时期的文化消费量。按照《中国统计年鉴》的统计口径，文化消费主要包括文化娱乐产品、文化娱乐服务和教育三部分。一是文化娱乐用品消费，具体是指电脑、手机、电视、音响设备、影碟机、数码设备、书籍、报纸、杂志等的消费；二是文化娱乐服务消费，具体是指影视作品、游戏软件、旅游、娱乐休闲、体育运动、健身活动、文艺表演等的消费，三是教育消费，具体是指教育培训、教材等的消费。本章中的文化消费支出为加权处理之后的城乡居民人均文化消费支出，具体计算方法与前一章相同，利用城镇家庭人均教育文化娱乐服务支出和农村家庭人均文教娱乐用品及服务支出数据通过城乡人口比例加权平均而成。

2. 解释变量

价格（$price_{it}$），本章选取娱乐教育文化用品及服务价格指数作为文化消费商品和服务价格的代理变量。在具体的行业分析或微观调查分析中，往往有特定产品或服务的具体价格，但是本章利用的是宏观经济数据，只能采用相应的价格指数作为价格的代理变量。分析中也会采用滞后一期的价格（$price_{i,t-1}$）和提前一期的价格（$price_{i,t+1}$）作为工具变量。

收入（$income_{it}$）。经济环境改变使消费者更关注长远利益，但消费者对于未来收入的把握会受到预测能力、信息可得性以及多方面外在因素的影响。消费者如果受教育程度高，掌握的信息量比较大，则可能迅速掌握市场情况，从而形成理性的消费预期，在整个生命周期内合理消费。但是我国城镇居民消费被证实存在过度敏感性（骆祚炎，2010），即当期收入对消费支出具有重要影响，因而本章以当期人均实际 GDP 代表收入变量。

过去文化消费支出（$consume_{i,t-1}$），i 地区 $t-1$ 时期的文化消费量，表示之前的文化消费支出对现期文化消费的动态影响。一般而言，过去的文化消费会累积文化资本，增强未来文化消费支出。根据斯图亚特·霍尔（1978）的研究，对于理性预期的消费者而言，本期消费与上一期消费有关，因而本章以滞后一期表示消费习惯对于本期的影响。

未来文化消费支出（$consume_{i,t+1}$），i 地区 $t+1$ 时期的文化消费量。根据 G. 贝克尔和 K. 黑菲（1988）的理性致瘾模型，消费者会在生命周期内最大化自身的效用，不仅过去的文化消费会对现期文化消费产生影响，理性决策者的未来文化消费也会对本期产生重要影响。本章也考虑提前一期的文化消费支出对当期文化消费支出的影响。

3. 其他控制变量

相关商品的价格（$priceother_{it}$）。根据微观需求理论，相关商品或服务的价格会对文化消费支出产生间接的影响。当消费者的预算一定时，所消费商品或服务之间的相对价格会影响各种商品和服务的消费结构。当相关商品的价格发生变化，文化消费支出也会相应受到影响。基于住房价格高企对于居民生活方式和消费支出结构的重要影响，本章主要考虑住房价格指数对文化消费支出的影响。

文化商品或服务的市场供给（$supply_{it}$）。市场供给水平高低决定了文化消费选择集的大小，文化基础设施建设、供给的文化商品和服务的丰富度和深度影响着文化消费支出水平高低。本章用文化市场经营机构数对数来代表文化市场发展和文化商品或服务的供给水平。

教育水平（$education_{it}$）。教育程度对文化消费的影响已经成为学界的共识。教育水平不仅影响文化消费的深度，同时影响文化消费的支出水平。本章用人均受教育年限代表教育水平。以"6 岁及以上人口"作为统计基础，"未上过学"的教育年限记为 0，"小学"记为 6 年，"初中"记为 9 年，"高中"记为 12 年，"大专及以上"记为 16 年，以各种受教育年限乘以相应的人口比例，即可得到我国各地区的平均受教育年限，以此代表我国各地区的教育水平，测度其对文化消费支出的影响。

城市化程度（$urban_{it}$）。城市是文化消费的中心"场域"，城市基础设施更加完善、文化商品和服务供给也更加丰富和多元化、文化消费的环境也更加成熟，因而城市化程度对文化消费支出具有正面影响。本章用城镇人口在总人口中的比重来表示。

地区旅游人数（$people_{it}$）。旅游人数涌入对带动地区文化消费支出具有一定影响，本章以入境游客占本国人口比重来表示地区旅游人数指标对文化消费的影响。

三、数据来源

本章采用2001～2011 年我国 31 个省（区、市）的面板数据，重点研究我国居民文化消费的理性致瘾性。之所以选取 2001～2011 年的数据，主要是为保证数据的可得性和准确性。数据主要来源于 2002～2012 年的《中国统计年鉴》《中国人口与就业统计年鉴》《中国文化文物统计年鉴》。本章先就部分数据进行了对数处理，以平缓数据的波动性。表 7 - 1 给出了具体的变量描述性统计分析结果。

表 7 - 1　　　　　　　　　　变量的描述性统计结果

变量名	均值	标准差	最小值	最大值	含义
consume	2.773	0.269	2.160	3.540	加权处理后的城乡文化消费支出
income	4.198	0.308	3.450	4.910	实际人均 *GDP* 取对数
price	1.011	0.0325	0.961	1.232	娱乐教育文化用品及服务价格指数
priceother	1.031	0.0308	0.898	1.108	居住价格指数小数
supply	3.733	0.434	1.519	4.411	文化市场经营机构数取对数
education	8.131	1.159	3.738	11.56	人均受教育年限
urban	0.465	0.153	0.202	0.942	城镇人口在总人口中比重
People	0.0505	0.0671	0.00100	0.319	入境游客占本国人口比重

资料来源：笔者整理。

第三节　实证结果分析

在之前分析的基础上，本章分别利用传统需求模型、短视成瘾模型和理性致瘾模型进行实证分析，考察文化消费领域是否存在成瘾现象，究竟会带来何种影响效应。三种模型的分析结果统一在表 7 - 2 中。

一、文化消费需求模型实证结果

根据前面的分析，传统需求模型将文化消费看成是与一般商品消费无异，着重考虑了价格、相关商品的价格、收入、供给等因素对文化消费支出的影响。表 7 - 2 中给出了全国样本情况下的模型检验效果。通过混合效应模型、固定效应模型和随机效应模型的回归检验，发现模型更加适合固定效应模型，因而本章只列出了固定效应模型的估计结果。

从第 1 列即模型（1）的分析结果来看，与其他商品的需求相类似，文化商品的需求对收入的依赖性很强，实际人均 GDP 每增加一个百分点，人均文化消费支出就增加 0.464%，也就是文化消费需求的收入弹性为 0.464。随着经济的发展和收入的增加，文化消费支出增加态势明显。文化消费支出同时也表现出与文化市场供给的一致性，在 1% 的显著性水平下，文化市场供给增加会导致文化消费支出增加。但是价格对文化消费支出的影响与预期效果不一致，虽然从方向上来讲是一致的，但是结果并不显著。

在相关商品的价格影响上，考虑对人们生活造成重大影响的住房价格。笔者预计住房价格高企会对文化消费支出产生一种"挤出效应"，但是实际估计结果却与预期存在差异，住房价格指数对于文化消费支出是一种正向影响。住房价格高对于不同收入人群的影响可能是不一样的，中低收入家庭可能选择降低文化消费支出，但是高收入人群可能会选择相对较高的文化消费支出，最终效果取决于不同收入人群的选择比例。此外，根据前一章的分析，教育水平某种程度上代表了社会的文化资本存量水平，其高低对于文化消费支出存在显著正向影响。从分析结果来看，教育水平对文化消费支出影响力度并不大，但是影响结果很显著。城市是文化消费的主阵地，城市化进程和地区旅游人数对文化消费支出也具有显著影响。

表 7 - 2　　　　　　　　文化消费上瘾模型实证分析结果

变量名	被解释变量：consume					
	传统模型	短视成瘾模型		理性致瘾模型		
	模型（1）	模型（2）	模型（3）	模型（4）	模型（5）	模型（6）
$L.\ consume$	—	0.483 *** (0.036)	0.558 *** (0.053)	0.389 *** (0.029)	0.374 *** (0.032)	0.317 *** (0.047)
$F.\ consume$	—	—	—	0.309 *** (0.030)	0.333 *** (0.029)	0.254 *** (0.041)
$price$	- 0.125 (0.091)	0.082 (0.080)	0.260 ** (0.112)	0.047 (0.048)	0.042 (0.080)	0.012 (0.082)

续表

变量名	被解释变量：*consume*					
	传统模型	短视成瘾模型		理性致瘾模型		
	模型（1）	模型（2）	模型（3）	模型（4）	模型（5）	模型（6）
L. price	—	—	0.207 *** (0.073)	—	0.001 (0.040)	−0.066 (0.047)
F. price	—	—	—	—	—	−0.062 (0.088)
income	0.464 *** (0.028)	0.140 *** (0.030)	0.127 *** (0.038)	0.042 (0.029)	0.037 (0.024)	0.113 *** (0.044)
supply	0.068 *** (0.012)	0.031 *** (0.009)	0.037 *** (0.008)	0.031 *** (0.007)	0.029 *** (0.007)	0.026 *** (0.006)
priceother	0.243 *** (0.089)	0.153 *** (0.024)	0.132 *** (0.027)	0.040 (0.035)	0.034 (0.029)	0.089 ** (0.036)
urban	0.974 *** (0.063)	0.443 *** (0.064)	0.384 *** (0.060)	0.399 *** (0.052)	0.379 *** (0.060)	0.426 *** (0.080)
people	0.504 *** (0.147)	0.047 (0.093)	0.028 (0.090)	0.197 ** (0.085)	0.270 ** (0.114)	0.384 *** (0.130)
education	0.036 *** (0.013)	0.042 *** (0.007)	0.038 *** (0.008)	0.014 *** (0.004)	0.010 * (0.005)	0.006 (0.006)
constant	0.256 * (0.152)	−0.035 (0.112)	−0.519 *** (0.179)	0.153 ** (0.060)	0.206 (0.139)	0.380 * (0.195)
observations	338	308	308	277	277	277
AR(1)−*p*	—	[0.0001]	[0.0000]	[0.0000]	[0.0000]	[0.0000]
AR(2)−*p*	—	[0.7944]	[0.8662]	[0.4131]	[0.3715]	[0.6906]
Sargan−*p*	—	[1.0000]	[1.0000]	[0.9999]	[1.0000]	[1.0000]

注：（1）*** 、** 、* 分别表示在1%、5%、10%的统计水平上显著；（2）小括号内为稳健标准误；（3）AR(1)、AR(2) 分别给出的是一阶和二阶残差序列自相关检验的 p 值；（4）Sargan 检验给出的是工具变量过度识别的检验 p 值。

资料来源：笔者整理。

二、文化消费成瘾模型实证结果

在成瘾模型中考虑到过去文化消费经历和未来文化消费对于当期文化消费的影响，原来的模型变成动态，不可避免会出现自相关和内生性问题。为克服这个问题，M. 阿雷拉诺（M. Arellano）和 S. 邦德（S. Bond）于 1991 年提出差分 GMM 的方法，利用解释变量的滞后项作为工具变量进行估计[①]。但是利用差分 GMM 很容易出现弱工具变量问题，而且当面板效应的方差与随机误差项的方差比很高时，该方法表现出较大的不稳定。在此基础上，结合 M. 阿雷拉诺和 O. 博威尔（M. Arellano & O. Bover，1995）提出的水平 GMM，R. 布伦德尔（R. Blundell）和 S. 邦德 1998 年提出系统 GMM 方法[②]，这种方法可以同时利用水平方程和差分方程的信息，提高估计效率，并且能估计出不随时间变化变量的系数。GMM 估计可分为一步估计和两步估计，两步估计可以对于一步估计的残差进行异方差修正，但是可能会低估标准差。基于此，本章采用系统 GMM 两步估计方法进行估计。

系统 GMM 估计中，主要需要考虑动态模型设定是否适当和工具变量选择是否有效的问题。判断的标准主要看模型差分的残差是否序列相关以及工具变量是否过度识别。模型样本的残差序列相关采用 Arellano-bond 检验，根据原假设以及 AR(1)、AR(2) 的相应 p 值判断，差分后残差只存在一阶序列相关，而不存在二阶序列相关性。系统 GMM 估计中通常用 Sargan 检验来判断是否存在过度识别约束，原假设为模型中"所有工具变量均有效"，不存在过度识

① Arellano M, Bond, S. Some Tests of Specification for Panel Data: Monte Carlo Evidence and an Application to Employment Equation [J]. Review of Economic Studies, 1991 (58): 277 – 298.

② Blundell R, Bond, S. Initial Conditions and Moment Restrictions in Dynamic Panel Data Models [J]. Journal of Econometrics, 1998 (87): 115 – 143.

别。表 7 - 2 中的 Sargan 检验的 p 值都显著大于 0.1，接受原假设，可以认定工具变量的设定有效，不存在过度识别。集合上述两点断定，本章设定的模型经识别是恰当的。

相对于动态面板模型而言，虽然混合效应模型和固定效应模型的估计值上偏和下偏于被解释变量滞后项的真实值，但是两模型的估计量却构成了真实的合理区间[①]（Roodman，2009）。本章同时采用 OLS、固定效应和系统 GMM 进行检验，发现系统 GMM 估计结果恰好介于 OLS 估计值和固定效应估计值之间，这也说明估计结果是稳健的，只是基于篇幅分布，并未将所有估计结果列出。

在模型正确设定的基础上，本章根据表 7 - 2 中短视成瘾模型和理性致瘾模型的回归结果分析发现以下四项。

第一，文化消费习惯对当期文化消费存在显著正向影响。

表 7 - 2 中第 2 ~ 3 列的模型（2）~ 模型（3）仅仅考虑滞后一期的文化消费对于当期文化消费支出的影响。模型结果显示如同理论分析的那样，滞后一期的文化消费支出对当期文化消费支出具有正向的显著性影响，在 1% 的显著性水平下，模型（2）中滞后一期文化消费支出的系数为 0.483，模型（3）中滞后一期文化消费支出的系数为 0.558，表明过去的文化消费经历会对现期文化消费产生积极的影响，这印证了我们之前的分析和假设。一般消费都会对后续消费产生习惯性影响，而文化消费的内在文化资本要求对前期文化消费提出更高的要求，前期积累的文化资本也会促进后期的文化消费支出。

第二，在文化消费领域存在理性致瘾效应：滞后文化消费和未来文化消费对当期文化消费支出存在显著正向影响，而且滞后文化消费的影响力度更强。

在给定消费者稳定偏好的前提下，增加具有成瘾特性商品的前

[①]　Roodman D. How to do Xtabond 2：An Introduction to Difference and System GMM in Stata [J]. Stata Journal，2009，9（1）：86.

期和后期消费，都会增加消费者的现期消费，这就是 G. 贝克尔和 K. 墨菲（1988）理性致瘾的观点。综观表 7 - 2 中第 4 ~ 6 列中模型（4）~模型（6）的分析结果，可以发现：滞后文化消费支出和未来文化消费支出对于当期文化消费支出确实存在显著影响，证明了文化消费领域理性致瘾效应的存在。在模型（4）中，在 1% 的显著性水平下，滞后一期文化消费支出的影响系数为 0.389，比未来文化消费支出的影响系数 0.309 要大，从模型（5）和模型（6）的回归结果看，同样存在过去文化消费支出比将来文化消费支出影响系数更大的情况。这间接说明之前的消费经历或消费习惯比预期的文化消费对当期文化消费的影响要大，这可能是因为过去的文化消费经历积累了丰厚的文化资本，这种文化资本对新一期的文化消费支出产生重要的影响。此外，为了在未来更好地享受文化消费所带来的效用，此时也应该积累更多的文化资本，而增加文化消费支出也是积累文化资本的最好方式。

第三，价格因素对文化消费的影响效果不明显。

不管是从静态还是动态的分析结果来看，当期价格对文化消费支出的影响均不显著。将滞后一期的价格纳入模型（3）之后发现，在 1% 的显著性水平下，滞后一期的文化消费对当期文化消费支出的影响系数为 0.558，比模型（2）的回归系数 0.483 更大。另外，当期价格和滞后一期价格对当期文化消费支出的影响更加显著，而且受本期价格的影响更甚，这与预期是一致的。在理性致瘾模型中，价格因素对于文化消费支出的影响同样不显著。

而且在动态的文化消费模型中，存在一个有趣的现象：价格因素对文化消费支出的影响不是负向的，而是正向的。这说明，在考虑消费习惯和成瘾性影响的情况下，消费者在文化消费支出方面对价格不再敏感。反而会出现类似于奢侈品消费或艺术品消费的特征，价格越高反而越容易引发消费者的追逐。只是这种影响系数却并不显著，出现这种状况，一方面可能是因为文化消费的特殊性使得其对价格并不敏感；另一方面可能是因为本章价格采用的是宏观价格指数，对于文化消费支出的解释力并不足够，这有待于进一步的深入分析。

第四，成瘾模型中需求弹性相对而言较小。

比较传统需求模型、短视成瘾模型以及理性致瘾模型的分析结果，发现两个有趣的现象：一是价格影响方向的变化，在传统需求模型中，价格确实对于文化消费需求存在负向的影响，符合经典西方经济理论中的需求定理。而当导入滞后一期的文化消费支出和提前一期的文化消费支出的影响之后，消费者对于价格的反应更像是"吉芬商品"，需求曲线开始向右上方倾斜。二是模型（2）~模型（5）中价格的系数越来越小。该系数其实就是需求价格弹性值，将短视成瘾模型与理性致瘾模型比较起来分析发现，理性致瘾情况下需求价格弹性更小，这也验证了之前文化消费理性致瘾的假设。

此外，收入对于文化消费支出的影响是显著的，而且相对而言，理性致瘾模型下需求收入弹性更小。供给、相关商品价格、城市化程度、人均受教育年限等因素对文化消费支出的影响与未考虑动态影响情况下相比，影响方向具有一致性，显著程度也有不同，对文化消费支出的影响系数略微存在差别。

第四节　本章小结

本章利用 2001 ~ 2011 年的省级面板数据，采用系统 GMM 方法证实了文化消费领域理性致瘾理论的存在，不过文化消费领域存在的是一种有益致瘾。文化消费之所以会出现理性致瘾现象，是文化资本积累的结果，也是文化消费偏好增加的表现。本章经过实证分析得出以下两点结论。

第一，文化消费领域确实存在理性致瘾效应：滞后一期的文化消费和提前一期的文化消费对当期文化消费支出均存在显著正向影响。只是滞后一期文化消费支出的影响系数更大一些，表现为过去的消费习惯或者说文化资本积累对文化消费的影响力度更强；提前一期的文化消费对当期文化消费支出存在显著正向影响，不过影响力度相对较弱。这也说明在我国文化消费习惯对文化消费的影响更甚。

第二，价格因素对文化消费支出的影响不显著，在考虑文化消费的动态影响之后，价格甚至变成正向的影响，文化消费产品或服务具有类似"吉芬物品"的特征。即使价格影响显著，仍然存在加入理性致瘾模型之后需求价格弹性和需求收入弹性变小的问题，这一方面说明在理性致瘾的情况下，消费者的文化消费支出对于价格和收入不再敏感；另一方面也可知：基于价格基础的政策调整是徒劳无功的，更有效的决策应该是从改变消费者偏好入手。文化商品或服务消费是一种有益的理性上瘾，因而就政策而言应该鼓励消费，增加消费者对文化产品的接触渠道。

第八章

中国文化消费水平提升对策

在我国经济增长方式转变和产业转型的关键时期，扩大内需成为新的经济增长点，而文化消费恰恰是其中的一个重要支撑。随着社会经济的发展，人们对精神文化产品的需求也越来越大。按照国际经验，当一个国家或地区人均生产总值超过 5000 美元时，将进入文化消费需求的旺盛时期，这也就意味着我国文化消费需求的高峰即将来临。外在条件的成熟需要内在因素的驱动，因而还需营造一个能最大限度满足不同层次需求的文化消费市场，着力培养文化消费理念，引领文化消费意愿，激励文化消费行为，让文化消费常态化，成为居民一种新的生活方式。基于此，有两条主要的路径：从需求上看，要转变微观个体的消费观念，使消费者由注重储蓄转向重视消费，尤其要重视文化消费带来的效用增加，提升文化消费的支付能力和文化能力；从供给上看，企业要将丰富的文化禀赋转化成有市场吸引力、受群众欢迎的优秀文化资源，并通过合适的方式呈现给消费者。当然，在文化产品、服务的需求和供给中，不能缺少政府的引导扶持和平台建设。因而，本章将从微观个体、企业和政府三个层面提出促进文化消费水平提升的对策。

第一节 增强个体文化能力

经济发展需要居民、企业和政府的共同作用。政府的作用主要在于制度设计、政策制定以及宏观调控，企业在文化内容创作、文化产品供给等方面具有重要的作用，但是消费行为最终是个人行为。文化消费水平依赖于微观个体消费意识的转变以及消费能力的提升，而消费能力的提高又与消费者的教育水平和后期文化资本积累有关。

一、转换消费观念

消费观念与经济发展水平有关，也与社会文化紧密相连。经济发展推动了消费观念的转变，社会主流文化影响社会消费观念，而文化消费活动又会作用于消费观念，影响人们的文化消费活动、形式和支出水平。中国几千年的传统文化一直倡导勤俭节约，保守的消费观念和消费行为导致人们的精神文化需求并不能得到充分的满足。在中国经济高速发展，人们由求生存转向求发展之后，传统消费观念已经不能适应时代的需求。在新的经济形势下，"为了达到刺激消费、扩大内需的目的，国家除了制定、采取一系列相关的政策措施之外，改变人们节俭的消费习惯与消费观念，或许要比单纯地强调增强人们的信心更为重要，而这需要我们所有人共同的努力"①。当前出现的"月光族""负翁"等社会现象都表明传统节俭保守的消费观念在年轻一代的消费者心中已经发生了翻天覆地的变化，但是对物质的过度追求可能恰好凸显精神世界的贫乏，只有转变消费观念，充分重视文化消费的重要性，才能引导我国消费经济的健康发展。

首先，坚持发展型消费观念。发展型消费观念认为，消费是促进个人发展的重要手段，消费的目的也在于促进人的全面发展。发展型消费观念与马克思主义发展观一脉相承。马克思主义发展观认

---

① 苏洪涛. 走出节俭的误区：一种全新的观念、一个大胆的质疑 [M]. 北京：中国城市出版社，2009：14.

为，要以人的全面发展为最高价值取向，要让个人的创造力和价值
得到最充分的体现。经济社会中的微观个体通过参加物质消费和精
神文化消费等各种消费活动，实现身心协调发展。发展型消费观念
能引导社会摒弃投入主导、速度优先的粗放型发展方式，在尊重自
然发展规律的同时实现经济快速发展和物质极大丰富。发展型消费
观念能鼓励科技创新，增强社会的创造活力，实现人们各尽其能、
各得其所的社会状态。发展型消费观念还追求内心世界的平和和精神
世界的满足，人们通过阅读、学习以及其他的文化消费活动，不断提
升自我的文化修养和文化品位，积累文化资本，最终达到"内心的
平静"，即幸福的状态，从而实现物质世界和精神世界的双重富足。

其次，重视文化消费。按照传统的消费观念，人类的消费历程
分为三个阶段：第一阶段，人们主要集中于食物、衣物的消费，满
足吃和穿的基本生存需要，因而该阶段工、农业发展迅速；第二阶
段，人们的消费模式走向更高的阶段，购买大量的生活必需消费
品。需求的多样化带来科技进步和稀缺要素的流动与重新配置；第
三阶段，生活需求模式转向以生活娱乐和文化精神层次为主的消费
过程。这个过程将导致文化消费的大量支出，包括视听娱乐设备、
电脑设备、运动设施、玩具、书籍报纸期刊等各种文化产品支出占
家庭支出的比重日益增加，并且带动文化商品贸易快速增长。这种
消费轨迹与需求层次理论是一致的。

亚伯拉罕·马斯洛在 1943 年的《人类动机理论》（*A Theory of
Human Motivation Psychological Review*）一书中提出了需求层次理
论。他将人类的需求分为五个层次：生理需要、安全需要、情感需
要、尊重需要和自我实现需要五类。其中，生理需要是人类为维持
自身生存的基本需求，包括衣、食、住、行等方面的需求；安全需
要是人类为保障自身安全、避免职业病和摆脱财产威胁等产生的需
求；情感需要包含亲情、友情、爱情等感情需要，同时还包含归属
感；尊重需要是人们获得一定的声望地位，并得到社会广泛认可的
需要；自我实现需要是完全发挥个人能力、实现自我的需要，是最

高层次的需要。亚伯拉罕·马斯洛认为，五种需要按层次逐级递升，当某一层次的需要得到相对满足，人类需要就会向高层次发展，追求更高层次的需要满足。同一时期一个人可能有几种需要，但是总有一种需要占主导地位，从而决定人们的行为取向。不同的需要也对应不同的商品需求。一旦进入情感需要层级，对文化商品或服务的消费需求将逐渐上升（见图 8 - 1）。消费者能从文化产品或服务的消费中获得一系列联想和心理的、精神上的满足，亦即心理的愉悦感，这种愉悦感源于消费者的体验需求。在文化消费活动中，消费者更加注重的是所消费产品的文化内涵，更加注重满足消费者自身的审美和个性化需求。人们通过文化消费产品的象征意义和符号内涵，通过消费不同的文化产品或服务，达到自我身份的塑造、确认和显示，从而获得精神上的满足和提升。因而，要鼓励勇于尝试新鲜事物，追求新奇性、差异化、个性化、独创性、体验性的文化消费产品或服务，丰富精神生活，提升消费层次。

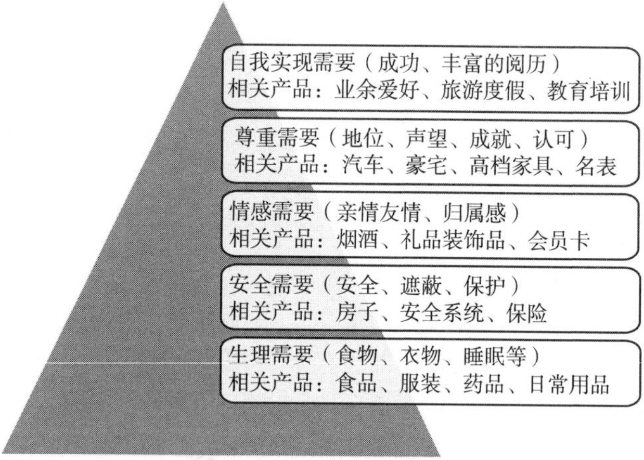

图 8 - 1　人的需求层次与相关产品的对应关系

资料来源：［美］M. 所罗门. 消费者行为学（第 8 版）［M］. 卢泰宏，杨晓燕，译. 北京：中国人民大学出版社，2009.

二、提升文化能力

在我国"科教兴国"战略的指引下，九年制义务教育制度和大学教育的普及使我国居民的教育水平近年有了显著提升。文化消费的价值主要源于消费者对文化产品中所蕴含的文化内容的认同。文化素质与品位是文化消费的基本能力，而居民的受教育程度是居民文化修养的重要决定因素。从个体角度而言，可以通过改变微观个体意识以多方面地积累文化资本来更好地消费文化产品或服务。微观个体提升文化能力可以从以下三个方面入手。

一是正视早期家庭教育。家庭教育既指在家庭中发生的教育，也可以是家庭环境因素所产生的教育功能①。一般而言，家庭是人们尤其是小孩接受教育的基本场所。在家庭中初步形成个人的早期经验和性格，也成为后期个人接受教育的内化基础，并影响个人的文化消费活动。家庭教育活动既有父母对子女有意识地引导，也有在家庭环境中子女对父母的下意识地模仿。在家庭潜移默化的影响下，孩子会继承父母的文化资本并将其内化。因而，考虑到家庭教育对子女所产生的重要影响，首先，应该提升家长本身的教育水平和个人素质。本身受教育年限较短、文化资本相对贫乏的家长可以通过函授、成人教育、社区教育等方式获得进一步深造学习的机会，也可以通过业余的阅读、视频学习、网上课堂等方式丰富自我。其次，父母可以通过家庭的文化设施设备实现与孩子的互动教育，开展例如阅读训练、音乐教育等活动以提升理解欣赏能力，注重文化素养和文化品位的有意识早期培养。最后，父母可以通过多带子女参观博物馆、艺术馆、文化遗产地等增长见识，拓宽视野，也可以通过参加少年宫、培训班、兴趣班等各种集体活动实现亲子互动，提高孩子的兴趣，起到博

---

① 任宝祥. 教育社会学［M］. 重庆：西南师范大学出版社，1993：15.

闻广识的作用。

二是重视正规学校教育。学校不仅是获得知识的场所，同时也是生产、传递和积累各种文化资本的体制基础。基于皮埃尔·布尔迪厄理论中经济资本和文化资本之间的相互转换关系，本身经济资本和文化资本比较丰厚的家庭，可以通过各级教育来显示并保持这种优越性。而在经济资本和文化资本上处于劣势的群体，本身所受教育比较有限，因而更应抓住教育机会，通过义务教育阶段和高中、大学以及研究生教育实现文化资本的积累以及实现文化再生产。在这个过程中，可能更多人关注的是教育所得文化资本与经济资本之间的转换功能，教育成为经济地位和社会地位改变的重要途径。但是同时，学校教育也是微观个体获得各种知识，将其内化为文化能力的重要手段，因而要重视各级正规教育。此外，专业院校的教育是获得某种特殊的文化能力的重要场所，如各种美术院校、戏剧学院、电影学院等艺术院校以及各种综合性院校中开设的艺术类专业和课程等都是获得特定文化能力的重要手段。艺术领域的专业性人才大都来源于此，他们是文化艺术生产的生力军，也是文化消费的重要群体。

三是积极参与各种文化活动。文化消费活动主要带来三个方面的作用：第一，实现休闲娱乐的目的。文化产品和服务可以为消费主体带来身心愉悦的效果。所谓愉悦就是"有机生命物的某些需要得到了满足"，以艺术为代表的文化消费活动"只为愉悦而存在"[①]。消费主体从文化消费中获得的娱乐作用并非源自低层次的感官刺激，而是通过艺术审美的形式，让消费者获得精神上的愉悦。第二，实现修身养性的目的。亚里士多德（Aristotle）提出"卡塔西斯"的概念，朱光潜将其译为"净化"，他认为，人类通过音乐或者其他艺术形式作为宣泄途径，使其某种过分强烈的情绪

---

① ［美］鲁道夫·阿恩海姆. 对美术教学的意见［M］. 郭小平等，译. 长沙：湖南美术出版社，1993.

达到平静，从而恢复和保持心理的健康①。第三，达到增长知识的目的。消费者通过阅读、参观文化遗产、去图书馆和博物馆等文化消费活动，可以获得更多相关领域的知识。文化消费活动既可能直接就增加消费者的效用水平，也有可能间接通过获得知识而增长效用。消费者选择观赏戏剧、看电影、听音乐会、看画展、购买艺术作品等文化消费行为或文化消费活动，直接使消费者从中获得审美乐趣、净化身心、陶冶情操、宣泄压力，还能感悟人生。消费者通过文化消费活动，除了能直接提高消费者的效用水平，还能实现消费者的文化资本积累。消费者文化能力的提升能更深刻地理解文化消费的内容，从而获得更高的效用。因而，消费者要深刻认识文化消费活动参与度与个人效用的相互促进关系，积极参与到各种文化消费活动中去，实现消费者自身的健康发展，并促进社会精神文化和谐发展。

第二节 丰富市场文化供给

《中共中央关于全面深化改革若干重大问题的决定》中指出，"建设统一开放、竞争有序的市场体系，是使市场在资源配置中起决定性作用的基础。必须加快形成企业自主经营、公平竞争，消费者自由选择、自主消费，商品和要素自由流动、平等交换的现代市场体系，着力清除市场壁垒，提高资源配置效率和公平性。"具体到文化产业市场，应该以文化企业作为文化产品或服务供给的主体，以文化市场消费者的需求为基本着眼点，用市场手段拓展文化消费市场，通过各种方式满足消费者的文化需求，提高消费者的生活品质和文化品位。以市场化手段激活的文化消费，才是持久、有活力的文化消费，而企业的责任就在于如何创造出更多具备丰富文

---

① 朱光潜. 西方美学史（第一版）［M］. 南京：江苏文艺出版社，2008（9）：67–69.

化内涵的文化产品和服务。

一、注重"内容为王"

文化产业归根到底是内容产业，人们的文化消费需求最终是对文化内容的需求。因而，文化企业需要创作独创性、个性化的文化精品内容以满足消费者多样化、异质性的文化需求。通过提供更多更好的文化精品，提升消费者对于文化消费的兴趣，培养文化需求和文化品位，发挥出文化作品的带动效应，持续不断地激发出观众潜在的文化消费需求。

企业要深入挖掘文化资源的内在价值，提炼其中的文化内涵，为文化产品或服务内容附加更多的文化价值，并通过多样化的形式将文化内容呈现出来。文化内容是文化企业发展的核心和灵魂，因而企业要强化对所生产文化内容的版权保护。文化企业大多数属于技术密集型或知本密集型，因而企业必须注重人才、知识等智力资源，企业可以通过优厚的待遇引进人才，也可以自主培养文化创意人才。文化企业要以文化内容为魂，以专业化生产为基础，以差异化竞争为指导，注重区隔定位，提炼品牌价值，通过良性竞争和资源整合来淘汰或者并购那些过于同质化、缺乏专业化水平的文化内容生产企业，从而促进内容产业的健康发展。

二、发挥关联效应

文化产业是关联性很强的产业，基于文化产业的这个特征，企业可通过开发关联性产品、关联性服务或与其他企业的跨界合作实现，以满足消费者多样化需求，或将消费者的潜在需求转化为现实需求。

（一）延长文化产业链

文化企业可以基于文化内容内核开发出一系列衍生产品，延长文化产业价值链。企业可以文化内容的版权为基础，通过授权的方式带动文化产业制造业的发展，甚至延伸到其他制造业门类，促使其价值不断提升。迪斯尼公司就是依托文化内容、开发文化衍生产品的最好例证。它以电影中的卡通形象和童话故事为主要文化内容，开发出音像制品、舞台剧、主题公园、玩具、生活消费用品等一系列产品和服务，通过衍生商品开发，迪斯尼公司将其文化价值做到了最大化。奥飞动漫公司由制造业转型而来，企业尤其注重产业链两端的开发，重视创意开发的同时，推出玩具销售、婴幼产品等衍生品，通过动漫影视内容的制作和播出，带动玩具销售，形成动漫影视与玩具制造良性互动的格局。可以说，奥飞动漫公司跨界资源整合和贯通产业链，实现了创意或版权价值的最大化。文化产业的多样性既允许同一业态内的全产业链打造，也可以实现跨界的内容渠道整合，充分发挥范围经济优势。

（二）提供多样化文化服务

消费者的文化需求是多样化异质性的，单一的文化产品或文化服务往往难以满足消费者多样化的需求，因而现代文化企业越来越多地尝试提供多样化的文化产品或文化服务。例如，由于电子商务的冲击，传统实体书店的生存陷入困境。实体书店开始寻求新的商业模式，将单一的图书售卖，转变成复合式文化服务，为消费者打造一个文化消费平台。通过开设不同主题、面向不同人群的文化功能区，刺激并满足各类人群对于文化产品和文化服务的需求。定位为"打造公共文化空间"的凤凰国际书城就是如此，它通过凤凰文化夜市、凤凰姐姐讲故事、凤凰读者画廊、凤凰大讲堂等形式新颖、主题突出的各类互动文化活动，为消费者提供一个体验文化和感受文化的平台，满足多元文化需求。

（三）与其他文化企业联合

文化企业尝试与其他企业联合，集聚在大型文化综合体中，通过文化服务的集中供给，发挥各种文化服务之间的溢出效应或关联效应，引导消费者产生关联性需求。这种方式可以有两种模式：一是通过文化事业项目与文化产业项目相结合的方式，触发带动式需求。文化综合体中博物馆、音乐厅、剧院、电影院、文化商品和文化休闲服务等免费的文化服务和付费的文化产品或服务集聚其中。以免费的公共文化服务为引导，以市场化的文化产业付费服务为支撑，共同推进文化消费需求的发生。二是纯粹提供文化产品或文化服务企业的集聚。这种"文化城"的打造可能与地产项目结合在一起，因为文化消费项目之间的强烈互补性，图书城、电影院、文化商品城以及各种文化体验项目等结合在一起，为消费者提供全方位的文化服务。以尽可能少的时间成本和转换成本，享受到集文化、运动、娱乐、休闲等一体的综合文化消费体验。全方位的文化产品和服务供给也能将潜在的消费需求转化为现实消费需求。此外，文化企业还可以与其他文化企业联合提供服务。基于产品的互补性关系，通过内容的关联设计，从而刺激消费的关联需求。或者通过综合文化体内的统一优惠活动，刺激消费者相关联的购买欲望。

三、以需求为导向

首先，从文化产品或服务内容提供上看，与纯粹艺术品生产不同，面向市场的文化产品和文化服务必须关注市场需求。文化产品和服务的生产供给首先必须以一般消费者的文化需求为基准，尊重消费者的文化传统和价值取向。通过加强对市民文化需求和文化市场消费的调查研究以及对消费趋势的动态研究，创造并提供适销对路的文化产品和服务。通过降低文化消费门槛，培育文化消费的增长点，创造更多文化需求来推动市场发展，激发人们的消费欲望。文化艺术品的生产和推广也要符合市场经济规律，引入市场竞争机制，不断推出精品力作，高效、有序地开拓文化消费市场，确保文化市场的繁荣和健康。

其次，从文化产品或服务的提供方式上看，企业要通过创新营销方式，将文化产品或服务通过合适的方式呈现给消费者，让消费者熟悉、了解文化产品或服务，从而产生文化消费需求。企业所选择的向消费者推送文化产品或服务的方式和力度就影响着文化消费欲望，影响着人们的文化消费需求强度。文化企业在依托文化内容开发新兴文化衍生产品时，需要与现代科技手段相结合，提高文化产品的附加值。移动终端以及 4G 网络的进一步发展必将带来新一轮的文化科技创新，尤其是围绕数字文化产业领域的各种技术服务和产品创新。技术创新和新兴数字化平台的出现为文化产业的发展带来巨大的发展契机，同时也使得人们的消费方式发生了显著的变化。文化消费的方式由依赖纸质书、电视等传统媒体向互联网络、计算机和移动终端等新兴的介质转变，技术的改变提升了文化产品的可获得性、便利性，消费者可以获得更多的文化信息和文化服务，也可以更加即时地消费文化产品或服务，这在一定程度上刺激了消费者的文化产品或服务消费，使文化参与的广度和深度得到大大地提升。

第三节　优化文化消费环境

作为经济发展中的第三方主体，政府通过政策的制定和执行，鼓励企业健康文化产品或服务的有效供给；营造良好的文化消费环境，鼓励消费者的文化消费需求；搭建文化消费的供需平台，实现供需双方的有效对接，以此促进文化消费水平的稳步提升和文化市场的健康有序发展。

一、完善公共文化服务

研究证实，公共文化服务体系的构建、公共文化服务的提供、居民的文化参与对于文化消费会产生重要影响，尤其是居民在公共文化活动中的参与率，对于微观个体文化资本的积累以及后续文化消费活动和文化消费行为会产生积极的影响。因而，为完善公共文化服务体系建设，促进公共文化服务供给，政府需要从以下四个方面入手。

第一，注重公共文化产品或服务提供的层次性。居民文化需求具有多层次、多元化特征，单一的、基本的文化资源供给难以满足居民的深层次文化需求①，因而在公共文化服务体系建设和公共文化服务提供中，要注重文化服务的层次性，满足不同人群多层次文化消费需求。例如，在图书馆、社区书屋、农家书屋建设中，书籍的选择要根据地区特色、区域人口特征来确定，不同区域人口的年龄结构、学历结构、工作性质、宗教特点、民族特性等不同，公共文化建设中提供的书籍应该有所差异，同时在每个公共文化服务阵地内部也要注意内容提供的层次性，以满足普遍的基本文化需求。

第二，提高公共文化服务的质量。我国公共文化服务体系建设包括"硬件"和"软件"建设两个层面，其中公共文化服务体系硬件建设主要包括场馆等基础设施的布局建设，而软件建设主要包括举办的文化活动、文化服务质量和管理等。随着公共文化服务体系近年来的建设，各地区公共文化服务体系的基础设施已经基本完备，发展的重心应该转向公共文化服务的软件建设。将公共文化服务提供的重点由数量转向质量，文化建设不再止于物理空间上的建筑标准提升和有形物质文化的扩容，也要注重网络、数字等多媒体虚拟空间建设，更要注重文化服务的效果和质量。通过多举办优质的文化活动，吸引居民参与到文化活动中来，提高文化参与的广度和深度，真正提升居民的文化素质，积累更多的文化资本。

第三，注重公共文化服务的需求反馈。公共文化服务体系建设

---

① 王俊莲. 现代政府管理视域下的公共文化服务体系构建［J］. 生产力研究，2013（2）：104－107.

的目的在于满足居民基本的文化消费需求。既然如此，公共文化服务体系是否已经满足居民的文化消费需求，居民对于文化服务的满意度如何，居民还需要什么样的公共文化服务等问题都是考核该体系建设质量的重要标准，因而，加强公共文化服务的需求反馈非常必要，鼓励居民参与公共文化活动，并畅通居民反馈信息的渠道。居民可以通过相关部门和网络平台就文化服务种类和服务质量要求、文化服务满意度、文化服务发展建议、公共文化服务与资源选择等问题发表自己的意见，这对于提高公共文化部门收集、处理信息的能力和对公众的回应能力有很大帮助。例如，在广东省东莞市尝试的"菜单式"公共文化服务模式就是立足于居民需求的典范，文化部门创造性地将公共文化活动列成清单，由社区、企业、学校根据自身需求选择项目及时间地点，之后再具体落实，这种模式将公共文化服务由被动式转为主动式，提升居民的参与感。只有立足于居民的文化需求，才能真正提供满足居民需要的产品和服务。

第四，实现公共文化服务覆盖的全面性。调查实证研究发现，距离文化消费场地的远近会影响到文化消费的数量。因而，政府在提供公共文化场馆建设以及公共文化服务活动策划时，要满足"十分钟文化圈"的要求，地理情况较差、地广人稀的地区可以放宽至"二十分钟文化圈"或以上。通过文化基础设施的完善，释放全部的居民潜在文化需求。政府不仅要提升中心地带的文化设施水平，更重要的是将基础设施分布到居民集聚的地方，让居民可以就近进行文化消费。

二、健全知识产权制度

知识产权包含专利权、著作权和商标权等组成部分，其中与文化产业关联最密切的是著作权（也称为版权）。版权制度能保护创作者和传播者在文学、艺术、科学等方面作品的权利，通过版权的认定，能促进正版文化作品和艺术作品的交易，保证版权创作者和权利人的正当、合法权利。商标权保护文化品牌的培育，专利权保护生产技术和传播技术的革新。知识产权已经渗透到包括新闻出版、广播影视、广告、动漫、网络服务等行业在内的文化产业中生产、流通、消费的各个环节①。可以说，知识产权制度规范着文化市场秩序，保证文化产品的正常流转和文化内容的有效传播；知识产权制度也通过权利的保护，促进文化创意与科技创新，提供文化产业发展的原动力，也为文化消费活动提供更多创新的文化产品和文化服务。但现实情况是，我国目前知识产权制度的完善与文化产业的发展需求还存在一定的距离，有待进一步完善。

知识产权法律制度的完善需要从立法、执法等多方面入手。一是完善知识产权立法。我国目前与文化产业相关的知识产权法除了有《中华人民共和国著作权法》《中华人民共和国商标法》《中华人民共和国专利法》等专门的法律和相应的司法解释，《中华人民共和国著作权集体管理条例》《中华人民共和国计算机软件保护条例》等法规之外，相关保护内容在《中华人民共和国民法通则》《中华人民共和国合同法》《中华人民共和国刑法》等法律中也有具体体现。但随着数字化技术和互联网技术的发展，网络知识产权侵权行为屡见不鲜，但是相关领域的立法不足使得侵权行为治理无法可依。因而有必要完善法律法规体系，以保障文化市场的有序进行，维护市场主体的权益。二是健全知识产权执法体系。加强公安部门、文化市场综合执法大队和相关行政部门的协调配合，形成功能完善、权责明确、高效有序的知识产权执法体系。三是加强知识产权普法教育。从政府、企业、个人三个层面开展知识产权法律普及教育，促使政府部门依法行政，增强企业和个人法律意识，既尊重其他企业或个人的知识产权，同时保护自身的知识产权，改变免费的网络文化消费习惯，形成尊重知识产权的良好社会氛围②。

---

① 陈霞. 论知识产权与文化产业的发展［J］. 首都师范大学学报（社会科学版），2012（6）：68-74.

② 辛阳. 浅析我国文化产业知识产权保护制度体系的构建与完善［J］. 中国市场，2013（11）：64-65.

三、搭建供需文化平台

（一）搭建供需平台，培育消费市场

文化产品或服务的供给与需求是市场行为，但是拉动文化消费过程中的政策制定和市场建设，都离不开政府的作用。政府可以起到文化产业链黏合剂的作用，成为促进文化消费的可靠保证；政府可以通过搭建平台，让企业的生产动力和消费者的消费潜力得到全面释放；政府可以通过某些活动的举办，培养文化消费理念，引领文化消费意愿，激励文化消费行为。例如，北京连续举办多年的"惠民文化消费季"，活动中推出"文惠卡"，居民凭借在固定网点、网站、微信等平台申领的文惠卡消费，可获得折扣、积分、抽奖等各种优惠，鼓励居民参与到各种各样的文化消费活动中去。对于传统戏剧、话剧等需要政府重点扶持、保护的行业，给予多倍积分以鼓励居民消费。进入博物馆、美术馆、图书馆等免费开放的场所消费同样可以获得积分，引导消费者提高文化生活品质。政府通过搭建类似的平台，对接文化消费需求和文化供给，促进文化消费行为的发生。

（二）进行消费调研，掌握真实需求

为避免出现文化消费需求和供给的错配问题，需要了解居民的真实文化需求，需要对文化消费群体进行调查。这种调查活动可以企业为单位开展，也可由政府委托研究机构进行。一是政府委托专门研究机构开展专项性的动态调研并建立研究数据库，跟踪调查家庭、居民文化消费支出、文化消费时间、文化消费结构、文化消费内容等领域的变化，以此作出相应的政策调整，同时作为企业文化产品或服务供给的基础。二是以实际文化产品或服务需求为基础，建立文化消费大数据库。通过数据跟踪、样本调查等方式，了解消

费者的真正文化消费需求。以消费者的真实文化需求为基础开展针对性的文化产品或服务供给，进一步拓展文化消费市场，丰富精神文化生活。

四、完善相关配套制度

（一）收入政策

根据之前学者的理论验证以及经验分析，收入是影响文化消费支出的首要因素。J. M. 凯恩斯的绝对收入理论以及之后的相对收入理论、生命周期理论等都认为，收入于消费支出具有直接而显著的作用，文化消费领域也是如此。根据背向的劳动供给曲线，当收入达到一定程度，替代效应强于收入效应，微观个体更加愿意选择休闲带来的直接效用提升。也就是说，当人们的收入水平达到一定程度，消费者会有更多的文化消费时间。不管从哪个角度着手，完善收入分配政策和社会保障政策都成为提升文化消费水平的必然选择。

首先，完善收入增长和收入分配政策。继续放开市场管制，完善竞争机制，鼓励居民通过合法途径走上致富的道路。稳步提高职工最低工资，保证居民收入增长与经济增长同步。优化居民收入结构，促进财产性收入和经营性收入比重的提升。以此为基础，完善收入分配改革。继续提高劳动收入在初次分配中的比重，健全税收、转移支付等收入再分配调节机制，通过个人、行业、城乡、地区的收入政策调整，缩小收入差距，保证居民拥有进行文化消费的充足预算，从收入水平上保证居民的文化消费能力。

其次，优化社会保障体系。近年来我国居民储蓄水平居高不下，但是文化消费支出却增长缓慢，除了传统消费文化的影响，我国社会保障体系不完善也使居民不能毫无顾忌地消费。居民更愿意将钱存下来以备不时之需，而不愿意将钱用于文化消费。因而，完善并落实社会保障制度能够解决居民的后顾之忧，改善消费者预期，建立消费者对未来的信心，有助提高社会的总体购买力，拉动有效需求。随着经济的发展和社会进步，社会保障的内容和层次也将进一步拓展，成为居民大幅提升物质生活水平和精神文化生活水平的坚固后防。

（二）政府补贴政策

政府补贴有两个方面的作用：一是补贴文化企业，促进优秀文化产品和文化服务的供给；二是补贴消费者，促进居民的文化消费需求。

就对文化企业的补贴而言，政府要将补贴范围拓展至中小文化企业或小微文化企业，并加大补贴力度。地方政府通过设立文化产业发展专项资金，由财政每年拨出一定的金额，通过项目补助、贷款贴息、保费补贴和绩效奖励的方式拨付给具有一定潜力的文化企业或文化产业项目，用于扶持相关文化企业或文化项目的发展。但是文化产业发展专项资金的规模和对于申报企业条件的限定，使得众多的中小文化企业难以享受这种补贴，基于此，有必要进一步拓展文化企业的补贴范围，制定面向不符合补贴条件中小文化企业的专项补贴制度，以一定程度上缓解中小文化企业融资难的问题，使得中小文化企业能够发挥活力和创造力，繁荣和丰富文化产品和文化服务市场。

就对消费者文化消费补贴而言，政府要采用多样化的文化消费补贴方式。在公共文化服务体系的框架中，政府通过给予文化企业补贴，推动企业以略低于正常价格的价格提供文化产品或服务的方式，鼓励消费者购买文化产品或者参与到文化活动之中。通过这种方式，消费者可以培养起文化消费的热忱和兴趣，养成文化消费的习惯，积累起文化消费资本，从而形成对文化产品和服务的后续需求。除此之外，政府还应拓展多样化的方式，尤其要"鼓励金融资本、社会资本、文化资源相结合"，引入社会资本来共同达成消费补贴的目标。例如由政府投入一定的资金，由企业竞标获得项目，中标文化企业负责项目的具体运营和推广，文化产品或服务以相对较低的价格提供给消费者。一方面有政府资金注入；另一方面撬动社会资本进入文化产业领域生产文化产品和服务。最终的结果必然是：待文化资本积累到一定程度，居民文化消费习惯形成，居民文化消费需求变成刚性，文化市场供给需求逐渐稳定，则政府退出市场，转为"守夜人"。

第四节　本章小结

在文化资本和文化消费相互关系的研究基础之上，本章依照积累文化资本、促进文化消费的思路，从消费者、企业和政府三种角度分别提出积累文化资本、提升文化消费水平的对策。

从消费者角度而言，要增强个体文化能力。文化消费水平依赖于微观个体消费意识的转变以及消费能力的提升，而消费能力的提高又与消费者的教育水平和后期文化资本的积累有关。因而，要坚持发展型消费观念，重视文化消费，提升个人文化品位；同时通过家庭教育、正规教育和文化活动参与等方式积累文化资本，提升文化消费能力。

从企业角度而言，要丰富市场文化供给。文化企业要以"内容为王"，创造出更多富有文化内涵的文化产品和服务，丰富文化资源集合；革新文化产品或服务的供给方式，使消费者能更便捷地购买文化商品、享受文化服务；充分利用文化产业的关联效应，拓展消费者的关联性文化需求。

从政府角度而言，要优化文化消费环境。政府要优化制度设计，一方面，要通过完善公共文化服务体系，鼓励居民参与公共文化活动，积累文化资本，刺激文化消费需求。另一方面，要健全知识产权保护制度，鼓励企业创新文化产品或服务。此外，政府还需搭建供需平台，实现供需双方的有效对接等。

第九章

结论与展望

第一节　研究结论

伴随我国市场化改革的深入，文化产业开始新一轮的增长，文化消费驱动文化产业发展的时代即将来临。要实现文化消费对文化产业发展的引领作用，必须提升消费者的文化消费能力，促使消费者形成对于文化消费的强烈偏好和稳定的文化消费习惯。文化能力的提升和消费习惯的养成离不开文化资本的积累。本书在对文化资本内涵进行界定的基础上，将其区分为文化资本 I（即文化能力）和文化资本 II（文化资源）两种形态，并以此为基础对文化资本和文化消费的相互作用机制进行理论分析和实证研究。通过分析本书大致得出以下研究结论。

文化资本与文化消费之间存在相互作用。一方面，文化资本会产生数量增进效应和质量提升效应，促进文化消费水平提升。消费者拥有较强的文化能力，会产生对于文化产品或服务的稳定需求，同时较强的"编码—解码"能力使其能更好地理解文化产品，也能创造出更富有内涵的文化作品。文化资源的丰裕扩大了文化消费的选择空间，间接影响着文化消费水平。另一方面，文化消费也会通过自效应和他效应促进文化资本积累。消费者通过"消费中学习"的过程提升文化品位，积累文化资本，逐步形成稳定的偏好结构；

消费者还通过文化消费的过程产生外部性，通过良好文化氛围的形成和"示范效应"的产生，影响他人或社会文化资本的积累。文化资本和文化消费之间相互作用、相互影响，并不断固化，促使消费者形成良好的文化消费习惯和稳定的文化消费需求。

文化资本Ⅰ（即文化能力）是微观个体通过家庭熏陶、个人教育以及文化参与行为共同塑造的。以中国家庭动态跟踪调查（CFPS）2010年微观调研数据为基础，经过实证分析发现：首先，家庭文化资本和个体文化资本[①]对居民文化消费时间支出均具有显著正向影响。相比较而言，个体文化资本的影响更强；家庭中母亲的影响更大。这其中的原因在于，家庭文化资本对微观个体文化消费时间支出的影响是间接的，微观个体通过内化家庭文化资本的影响，增强文化能力，从而增加了文化消费时间支出需求。其次，户主文化资本对于家庭文化消费支出具有显著的正效应。将家庭文化消费现金支出区分为：教育支出、文化娱乐支出和文教娱乐支出，其中，文教娱乐支出为教育支出和文化娱乐支出之和。实证结果显示，文化娱乐支出对户主文化资本的依赖性最强，教育支出对户主文化资本的依赖性最弱。收入对不同种类文化消费支出存在类似的影响。再其次，结合户主文化资本对于户主文化消费时间支出和家庭文化消费支出的影响，我们发现存在下列关系：$\gamma_{文化消费时间} > \gamma_{文化娱乐支出} > \gamma_{文教娱乐支出} > \gamma_{教育支出}$，即户主文化资本对于文化消费时间支出的影响最强，其次是家庭文化娱乐支出和家庭文教娱乐支出，而教育支出则相对刚性，受户主文化资本的影响相对较小。

实证分析结果还显示，年龄、性别等人口统计学特征对文化消费也有显著影响。男性倾向于花费更多的时间在文化娱乐活动上，男性户主也愿意在家庭文化娱乐活动上支出更多；年龄与文化消费时间之间关系为U型曲线，与文化消费支出的关系却为倒U型曲

[①] 按照文化资本的来源途径，将其分别界定为家庭文化资本和个体文化资本。

线，这说明中年人的文化消费时间较少，但文化消费支出却较多；在婚状态的成年人文化消费时间会减少，处于婚姻状态的户主会增加家庭教育支出；汉族居民一般会在文化消费上支出更多，也会愿意花更多时间在文化消费活动上；身处城市会增加文化消费支出并延长文化消费时间，而离市中心较远会影响文化消费费用和时间的支出；工作时长会显著减少文化消费时间，但是对文化消费支出却并无妨碍。

文化资本Ⅱ（即文化资源）也会对文化消费产生作用，可以理解成供给侧对文化消费的影响。本书以文化遗产和文化市场供给作为文化资源的代理变量，实证研究发现，文化资源对文化消费支出存在显著积极影响。相对文化遗产，文化市场供给的影响更加显著和直接。以公共文化服务和互联网络文化服务为代表的免费文化服务也构成消费者接触文化内容的重要渠道，具有与文化资源类似的作用。免费文化服务基本上都会产生两种效应：一是"挤入效应"，表现在免费文化服务可以促使微观主体积累文化资本，并通过营造文化氛围，促进文化消费；二是"挤出效应"，即免费文化服务会导致其他文化消费支出减少。实证分析结果显示，公共文化服务体系基础设施建设和互联网络普及所提供的文化服务的"挤出效应"较强，会减少文化消费支出；而居民对公共文化活动的参与却会产生较强的"挤入效应"，通过积累文化资本，增加文化消费需求。因而，我国公共文化服务体系建设不仅在硬件达标，更重要的是提高居民的参与率。

公共文化消费对居民文化消费支出存在收入水平和文化资本水平的门槛效应。实证分析结果显示，当跨越 9.25 年的文化资本水平门槛，公共文化消费产生更强的"挤入效应"，显著增加居民文化消费支出；当人均 GDP 超越 38909 元的门槛值，公共文化消费对居民文化消费支出的影响效应由负转正，由"挤出效应"转化为明显的"挤入效应"，且有随收入增加效应增强的趋势。可见，不同经济发展水平和文化资本水平下，公共文化消费对居民文化消费支出的影响效应不一样，各个地区在不同阶段对公共文化消费的要求也是有差异的，收入水平较低对公共文化消费的依赖程度相对较高，因而要根据收入水平和文化资本水平的差异调整公共文化服务供给内容和供给方式。

文化消费的理性致瘾，是一种有益的上瘾，也是文化资本积累的结果。本书利用省级面板数据，采用系统 GMM 方法实证分析发现：文化消费领域确实存在理性致瘾效应，滞后一期的文化消费和提前一期的文化消费对当期文化消费支出均存在显著正向影响，但是过去的消费习惯或者说文化资本积累对文化消费的影响力度更强。因而选择一种合适的方式引导人们去消费文化商品或服务十分重要。

理性致瘾模型中，价格因素对文化消费支出的影响并不显著。在考虑文化消费的动态影响之后，价格甚至变成正向的影响，奢侈品消费和艺术品消费就是典型例证，商品所承载的文化内涵吸引人们热衷于这种炫耀性消费。理性致瘾模型中需求价格弹性和需求收入弹性相对变小，这说明消费者的文化消费支出对于价格和收入不再敏感，消费者一旦对文化消费上瘾，那么基于价格的政策调整将是徒劳无功的，更有效的决策应该是从改变消费者偏好入手。文化商品或服务消费是一种有益的上瘾，政策上应该鼓励消费，增加消费者对文化产品的接触渠道。

第二节　研究展望

本书尝试从文化资本视角探讨文化品位、文化素养等文化能力和文化遗产、文化产品等文化资源对文化消费支出的影响，也探讨了文化资本积累与消费者文化消费习惯养成之间的作用等，通过这些分析，可以得出了上面的研究结论。但是囿于理论的限制和数据的不完整以及作者研究能力的约束，本书的研究还存在很多不足，这些不足也恰是今后可以进一步研究的方向和领域。

首先，本书尝试将不同学者对于文化资本的界定纳入一个统一的框架，得出一个相对完整准确的文化资本定义。本书界定的文化资本概念既包含文化能力，也包括文化遗产、文化作品等文化资源，文化能力和文化资源都有个量和总量的区分。本书从理论上分析了文化资本与文化消费之间的作用机制，也选择了相应的代理变量进行实证分析，但本书中并没有对我国的文化资本存量进行整体测度，这是本书研究的不足之处。如何选择一种合适的方式和一组合适的指标对我国文化资本进行总体测算，以更明确我国的文化资本情况，测度其对文化消费水平提升的影响是下一步研究的一个方向。

其次，本书所采用的中国家庭动态跟踪调查（CFPS）数据反映了我国社会、经济、人口、教育、健康等状况的变迁，本书从中提取文化消费相关数据，结合成人库中人口统计学特征，考察其对居民文化消费时间支出和家庭文化消费现金支出的影响。但是CFPS并非针对文化消费开展的专项调查，因而文化消费相关数据并不全面，也没有详细的分类数据，这对于深入分析文化消费问题是不利的。要进一步深入剖析我国的文化消费结构问题，还需面向消费群体和不同的行业精心制作文化消费调查问卷，获得针对性的、详细的一手数据才能达到预期的研究目的。

最后，诚如之前提及，文化消费统计数据缺乏，甚至连最基本的居民文化消费支出数据都没有。目前能够获得的只有近年城乡分离的家庭居民人均文化教育娱乐消费支出数据，本书的居民人均文化消费支出数据系城镇、农村人均文教娱乐支出通过人口比例加权而成。文化产业涉及的领域宽泛，门类很多，如果基于特定的行业来做研究可能会更加具有政策意义。但是目前缺乏相应的数据研究基础，尚不具备深入研究的条件。此后，文化消费的区域性特征、特定行业的文化消费特点、行业消费需求之间的相互关系（例如，究竟存在替代关系还是互补关系?），尤其是蓬勃发展的网络文化消费与实体文化消费之间的相互关系等，都是值得深入研究的问题，也是未来研究的方向。

主要参考文献

1. ［澳］大卫·索罗斯比. 经济学与文化 ［M］. 王志标，张峥嵘，译. 北京：中国人民大学出版社，2011.

2. ［英］约翰·斯道雷. 记忆与欲望的耦合——英国文化研究中的文化与权力 ［M］. 徐德林，译. 桂林：广西师范大学出版社，2007：110.

3. ［美］M. 所罗门. 消费者行为学（第8版）［M］. 卢泰宏，杨晓燕，译. 北京：中国人民大学出版社，2009.

4. ［美］理查德·佛罗里达. 创意阶层的崛起 ［M］. 司徒爱勤，译. 北京：中信出版社，2010.

5. ［法］皮埃尔·布尔迪厄，华康德. 实践与反思——反思社会学导引 ［M］. 李猛，李康，译. 北京：中央编译出版社，1998.

6. 蔡旺春. 文化消费的约束因素研究 ［J］. 经济论坛，2013（7）：81-84、92.

7. 曹俊文. 精神文化消费统计指标体系的探讨 ［J］. 上海统计，2002（4）：9-13.

8. 曹锐. 移动应用 APP——未来生活管家 ［J］. 中国西部，2013（13）：90-92.

9. 车树林，顾江. 文化消费的社会网络效应——基于全国31个省（区、市）区面板数据的实证分析 ［J］. 消费经济，2016（6）：51-58.

10. 车树林，顾江，李苏南. 固定资产投资、居民文化消费与文化产业发展——基于省际动态面板系统 GMM 估计的实证检验

[J]. 经济问题探索，2017（8）：151-157.

11. 车树林，顾江. 收入和城市化对城镇居民文化消费的影响——来自首批26个国家文化消费试点城市的证据 [J]. 山东大学学报（哲学社会科学版），2018（1）：84-91.

12. 陈海波，王婷，刘洁. 促进外国居民文化消费的思考 [J]. 价格理论与实践，2013（3）：91-92.

13. 陈劲. 城市居民文化消费结构及其资本积累：重庆例证 [J]. 改革，2015（7）：110-119.

14. 陈南岳，全少华等. 城乡居民文化消费对我国文化产业发展影响的实证研究 [J]. 南华大学学报（社会科学版），2013（3）：46-49.

15. 陈琪瑶，罗翠华. 教育与文化消费实证关系研究 [J]. 科学决策，2012（12）：84-94.

16. 陈威. 公共文化服务体系研究 [M]. 深圳：深圳报业集团出版社，2006.4.

17. 陈霞. 论知识产权与文化产业的发展 [J]. 首都师范大学学报（社会科学版），2012（6）：68-74.

18. 陈燕武. 消费经济学——基于经济计量学视角 [M]. 北京：社会科学文献出版社，2008.

19. 谌丽，党云晓，张文忠，马仁锋. 城市文化氛围满意度及影响因素 [J]. 地理科学进展，2017（9）：1119-1127.

20. 邓安球. 基于湖南实践的文化产业消费政策研究 [J]. 当代财经，2007（12）：80-84.

21. 邓碧玉. 文化消费需求对我国文化产品进口贸易影响研究 [D]. 湘潭大学，2012年4月.

22. 方长春，风笑天. 家庭背景与学业成就——义务教育中的阶层差异研究 [J]. 浙江社会科学，2008（8）：47-55.

23. 房宏婷. 论文化消费与文化产业的互动关系 [J]. 理论学刊，2011（10）：111-114.

24. 傅才武，曹余阳．探索文化领域供给侧与消费侧协同改革：政策与技术路径［J］.江汉论坛，2016（8）：120–28.

25. 傅才武，侯雪言．文化资本对居民文化消费行为的影响研究——基于"线上"和"线下"两类文化消费群体的比较［J］.艺术百家，2017（5）：39–46.

26. 高波，张志鹏．文化资本：经济增长源泉的一种解释［J］.南京大学学报（哲学·人文科学·社会科学），2004（5）：102–112.

27. 高波．文化、文化资本与企业家精神的区域差异［J］.南京大学学报（哲学·人文科学·社会科学），2007（5）：143.

28. 高莉莉，顾江．能力、习惯与城镇居民文化消费支出［J］.软科学，2014（12）：23–26.

29. 高敏，徐新桥．文化消费与文化产业发展的关联度［J］.重庆社会科学，2015（11）：66–72.

30. 甘宇，赵驹，宋海雨．农民工文化消费的影响因素：来自1046个样本的证据［J］.消费经济，2015（1）：52–55.

31. 韩成．文化消费与文化产业发展的互动机制［J］.社会科学战线，2017（11）：260–263.

32. 韩顺法，李向民．精神生产视域下我国产业结构的内在演变［J］.科学学研究，2010（7）：975–980.

33. 和淑萍，于庆文．后工业化中国城市文化消费经济差异分析［J］.哈尔滨商业大学学报（社会科学版），2012（1）：15–19.

34. 胡枫，陈玉宇．社会网络与农户借贷行为——来自中国家庭动态跟踪调查（CFPS）的证据［J］.金融研究，2012（12）：178–192.

35. 胡乃武，田子方．我国文化消费及其区域差异［J］.经济问题，2015（7）：1–6.

36. 胡雅蓓，张为付．基于供给、流通与需求的文化消费研究［J］.南京社会科学，2014（8）：40–46.

37. 黄金文，尚凤标．网络时代下的居民文化休闲与休闲文化消费市场的可持续发展 [J]. 艺术百家, 2012 (4): 205 - 207.

38. 黄倩妮. 全球化语境下中国城市文化消费差异研究——以北京、上海、长沙演艺业为视阈 [D]. 华东师范大学, 2010 - 4.

39. 贾琼, 王建兵, 徐吉宏. 欠发达地区农村居民文化消费与文化建设探析——以甘肃省为例 [J]. 商业经济研究, 2015 (18): 139 - 140.

40. 姜宁, 赵邦茗. 文化消费的影响因素研究——以长三角地区为例 [J]. 南京大学学报 (哲学·人文科学·社会科学), 2015 (5): 27 - 35.

41. 焦斌龙, 赵卫军. 中国文化产业的阶段性特征——基于要素支撑视角的分析 [J]. 山西财经大学学报, 2017 (10): 59 - 71.

42. 金相郁, 武鹏. 文化资本与区域经济发展的关系 [J]. 统计研究, 2009 (2): 28 - 34.

43. 金晓彤, 王天新, 闫超. 中国居民文化消费对经济增长的贡献有多大? ——兼论扩大文化消费的路径选择 [J]. 社会科学战线, 2013 (8): 68 - 74.

44. 金元浦. 我国文化创意产业发展的三个阶梯与三种模式 [J]. 中国地质大学学报 (社会科学版), 2010 (1): 20 - 24.

45. 李钒, 孙林霞. 基于JJ检验的农村文化消费时间序列模型分析 [J]. 统计与决策, 2013 (7): 135 - 137.

46. 李钒, 孙林霞. 西部地区农村居民文化消费的时间序列协整分析 [J]. 青海社会科学, 2013 (3): 72 - 75.

47. 李海娟. 试析公共文化服务发展的整合战略 [J]. 毛泽东邓小平理论研究, 2011 (11): 21 - 26.

48. 李红, 邹月媚, 彭慧丽. 国际文化经济学: 文化合作经济分析的理论框架 [J]. 浙江学刊, 2013 (3): 167 - 176.

49. 李惠芬, 付启元. 城市文化消费比较研究 [J]. 南京社会科学, 2013 (4): 143 - 149.

50. 李晓芳, 邓玲. 云南大学生文化消费差异比较研究 [J].

沈阳大学学报，2011（6）：69 - 72.

51. 李振刚，南方. 城市文化资本与新生代农民工心理融合 [J]. 浙江社会科学，2013（10）：83 - 91.

52. 李志，李雪峰. 中国城镇居民文化消费的影响因素——以中国 4011 个城镇家庭为例 [J]. 城市问题，2016（7）：87 - 94.

53. 林东生. 论文化消费增长与文化产业发展趋势 [J]. 东岳论丛，2011（5）：105 - 107.

54. 刘国皇. 生态文明理念视域下的文化消费审视 [J]. 福建农林大学学报（哲学社会科学版），2012（5）：76 - 80.

55. 刘树燕. 我国农村文化消费发展问题探微 [J]. 理论学刊，2010（4）：78 - 80.

56. 刘晓红. 经济学视阈下中国农村居民文化消费需求探析 [J]. 经济与管理，2012（2）：86 - 90.

57. 刘晓红. 南京农村居民文化消费需求实证分析 [J]. 江苏农业科学，2015（2）：451 - 454.

58. 刘晓红. 江苏农村居民文化消费需求实证分析 [J]. 江苏农业科学，2013（4）：381 - 386.

59. 刘祎绯. 世界文化遗产地经济价值的伦理学探讨 [J]. 华中建筑，2013（11）：14 - 16.

60. 刘志彪. 江苏文化产业：从"新引擎"到"新支柱"的政策取向 [J]. 群众，2011（10）：35 - 37.

61. 刘志伟，费美娟，孙金荣. 2006 年山东省农民精神文化生活调查和需求预测 [J]. 山东农业大学学报（社会科学版），2007（2）：76 - 80.

62. 刘智勇，刘裕. 城乡文化消费现状、问题及变化趋势分析——基于四川的调查 [J]. 理论与改革，2016（6）：155 - 160.

63. 刘子兰. 消费经济前沿理论研究 [M]. 北京：经济科学出版社，2010.

64. [美] 鲁道夫·阿恩海姆. 对美术教学的意见 [M]. 郭小

平等译. 长沙: 湖南美术出版社, 1993.

65. 马玉琪, 扈瑞鹏. 基于面板分位回归模型的我国城镇居民文化消费影响因素分析 [J]. 消费经济, 2015 (2): 79-83.

66. [美] 迈克尔·波特. 国家竞争优势 [M]. 李明轩, 邱如美译. 北京: 华夏银行出版社, 2002.

67. 毛中根, 杨丽娇. 文化消费增长的国际经验及中国的政策取向 [J]. 经济与管理研究, 2017 (1): 84-91.

68. 孟迪云, 黄容. 文化消费增长的动力机制研究——基于省级面板数据模型 [J]. 消费经济, 2016 (4): 26-31.

69. 聂正彦, 苗红川. 我国城镇居民文化消费影响因素及其区域差异研究 [J]. 西北师大学报 (社会科学版), 2014 (5): 139-144.

70. 秦琳贵, 王青. 我国文化消费对经济增长影响的机理与实证研究 [J]. 经济问题探索, 2017 (03): 38-45, 55.

71. 秦开凤. 文化消费内涵辨析 [J]. 经济研究导刊, 2011 (26): 209-211.

72. 任宝祥. 教育社会学 [M]. 重庆: 西南师范大学出版社, 1993: 15.

73. 苏洪涛. 走出节俭的误区: 一种全新的观念、一个大胆的质疑 [M]. 北京: 中国城市出版社, 2009: 14.

74. 孙燕, 李建芸. 经济学视角下的中国世界文化遗产发展 [J]. 中国文化遗产, 2010 (6): 36-46.

75. 唐绪军. 中国新媒体发展报告 (2013) [M]. 北京: 社会科学文献出版社, 2013.

76. 田虹, 王汉瑛. 中国城乡居民文化消费区域差异性研究——基于面板门槛模型的实证检验 [J]. 东北师大学报 (哲学社会科学版), 2016 (3): 25-34.

77. 汪建根.《中国居民文化消费与需求调查报告》显示我国居民文化消费能力总体偏低 [R]. 中国文化报, 2013-3-5 (2).

78. 王家庭, 张容. 我国文化产业发展影响因素及提升路径的

区域分析 [J]. 统计与决策, 2010 (2): 79 - 81.

79. 王静等. 扩大上海文化消费研究 [J]. 科学发展, 2012 (7): 87 - 98.

80. 王俊杰. 基于面板数据的河南农村文化消费地区差异研究 [J]. 经济地理, 2012 (1): 37 - 40, 70.

81. 王俊莲. 现代政府管理视域下的公共文化服务体系构建 [J]. 生产力研究, 2013 (2): 104 - 107.

82. 王宋涛. 收入分配对中国居民文化消费的影响研究 [J]. 广东财经大学学报, 2014 (2): 21 - 27.

83. 王霞. 论公共文化服务体系的构建 [J]. 南阳师范学院学报 (社会科学版), 2007 (11).

84. 王亚南, 方彧. 全国各地农村文化消费影响因素比较 [J]. 广义虚拟经济研究, 2010 (3): 79 - 90.

85. 王亚南. 全国各地城乡居民文化消费比较 [J]. 云南社会科学, 2008 (5): 88 - 92.

86. 王亚楠, 顾江. 文化市场供求失衡的原因及对策建议——基于产业政策有效性的视角 [J]. 现代经济探讨, 2017 (3): 68 - 72.

87. 王志平. 创意产品、观念价值与文化消费 [J]. 改革与开放, 2009 (7): 141 - 142.

88. 王佐滕. 文化消费模型构建与实证研究——以生产供给、流通载体、消费需求为变量 [J]. 商业经济研究, 2017 (14): 33 - 35.

89. 文立杰, 张杰, 李少多. 农村居民文化消费支出及其影响因素分析——基于个体因素视角和对应分析模型 [J]. 湖南农业大学学报 (社会科学版), 2017 (3): 1 - 6.

90. 吴珍. 大众文化消费与审美心理关系探究 [J]. 商业时代, 2009 (10): 1.

91. 奚红妹, 魏农建等. 中国城市消费者个体差异对体育消费观念和消费行为的影响 [J]. 体育科学, 2010 (3): 30 - 35.

92. 辛阳. 浅析我国文化产业知识产权保护制度体系的构建与

完善 [J]. 中国市场, 2013 (11): 64 – 65.

93. 徐晓林, 赵铁, 特里·克拉克. 场景理论: 区域发展文化动力的探索及启示 [J]. 国外社会科学, 2012 (3): 101 – 106.

94. 严小平. 文化消费: 拉动文化产业发展的引擎 [J]. 消费经济, 2013 (4): 69 – 72.

95. 羊许益, 林德忠. 公共文化服务体系建设与马克思主义大众化的耦合及其四个维度 [J]. 当代世界与社会主义, 2013 (2): 124 – 127.

96. 杨剑侠, 陈宏民, 包兴. 运营商利用消费者的上瘾行为定价了吗——来自中国网络游戏产业的经验证据 [J]. 经济学 (季刊), 2009 (7): 1329 – 1382.

97. 杨晓光. 关于文化消费的理论探讨 [J]. 山东社会科学, 2006 (3): 156 – 159.

98. 杨延华. 文化消费初探 [D]. 首都师范大学学位论文, 2005.

99. 姚俭建, 岑文忠. 文化资本的积累机制探微 [J]. 上海师范大学学报 (哲学社会科学版), 2004 (3): 35 – 40.

100. 易顺, 彭仁贤, 韩江波. 地方政府财政支出的居民文化消费效应 [J]. 首都经济贸易大学学报, 2013 (2): 45 – 54.

101. 俞萍. 公共文化娱乐消费市场的选择倾向和发展趋势——对重庆市公共文化娱乐消费市场的调查分析 [J]. 重庆社会科学, 2004 (2): 103 – 110.

102. 喻国明. 微内容的聚合与开发 [J]. 青年记者, 2006 (21): 15 – 19.

103. 袁晓婷, 陈春花. 文化资本在经济增长中的表现形式和影响研究 [J]. 科学学研究 (增刊), 2006 (8): 98 – 102.

104. 张冲, 刘已筠. 中国农村居民文化消费影响因素的地区差异研究——基于东中西部地区面板数据 [J]. 农村经济, 2016 (7): 65 – 71.

105. 张凤莲. 文化消费增长的经济效应及促进机制研究 [J]. 东岳论丛, 2015, 36 (6): 97 - 101.

106. 张鸿雁. 城市形象与"城市文化资本"论——从经营城市、行销城市到"城市文化资本"运作 [J]. 南京社会科学, 2002 (12): 24 - 31.

107. 张谨. 文化产业兴起与发展的缘由及未来走向 [J]. 理论与现代化, 2010 (5): 82 - 88.

108. 张敏. 我国城乡居民文化消费比较研究——基于虚拟解释变量模型应用和消费升级视角 [J]. 调研世界, 2017 (12): 33 - 36.

109. 张艳. 虚拟文化消费的基本问题研究 [D]. 上海交通大学学位论文, 2011.

110. 张月花, 薛平智, 储有捷. 创新型城市建设视角下西安文化软实力实证评价与分析 [J]. 科技进步与对策, 2013 (7): 48 - 52.

111. 赵东坡. 当前我国文化消费的特征及发展趋势 [J]. 商业时代, 2009 (10): 20 - 21.

112. 赵吉林, 桂河清. 中国家庭文化消费影响因素分析: 来自CHFS 的证据 [J]. 消费经济, 2014 (6): 25 - 31, 54.

113. 赵萍. 消费经济学理论溯源 [M] 北京: 社会科学文献出版社, 2011.

114. 朱晨曦. 文化消费的可持续性问题研究 [D]. 上海交通大学学位论文, 2013.

115. 朱光潜. 西方美学史 (第一版) [M] 南京: 江苏文艺出版社, 2008 (9): 67 - 69.

116. 朱伟珏. "资本"的一种非经济学解读——布迪厄"文化资本"概念 [J]. 社会科学, 2005 (6): 117 - 123.

117. 卓纳新, 黄向阳. 农村居民文化消费的外部性研究 [J]. 经济与社会发展, 2009 (3): 126 - 128.

118. 资树荣. 消费者的文化资本研究 [J]. 湘潭大学学报 (哲学社会科学版), 2014 (4): 38 - 41, 63.

119. 左鹏, 魏农建, 奚红妹. 上海郊区文化产业发展策略实证研究——以上海市松江区为例 [J]. 上海大学学报 (社会科学版), 2010 (7): 84 - 94.

120. Abbruzzo A, Brida J G, Scuderi R. Determinants of Individual Tourist Expenditure as a Network: Empirical Findings from Uruguay [R]. School of Economics and Management at the Free University of Bozen, 2013.

121. Alderighi M, Lorenzini E. Cultural Goods, Cultivation of Taste, Satisfaction and Increasing Marginal Utility During Vacations [J]. Journal of Cultural Economics, 2012, 36 (1): 1 - 26.

122. Klamer A. Accouting for Social and Cultural Values [J]. De Economist, 2002 (4): 453 - 473.

123. Asai S. Demand Analysis of Hit Music in Japan [J]. Journal of Cultural Economics, 2011, 35 (2): 101 - 117.

124. Ateca V. Determining Heterogeneous Behaviour through ZINB Models: Differences on Theater Participation [J]. Cultural Goods Demand Statistical Models Participation in the Arts, 2005.

125. Ateca - Amestoy V. Cultural Participation Patterns: Evidence from the Spanish Time Use Survey [C] //ESA Research Network Sociology of Culture Midterm Conference: Culture and the Making of Worlds, 2010.

126. Ateca - Amestoy V. Determining Heterogeneous Behavior for Theater Attendance [J]. Journal of Cultural Economics, 2008, 32 (2): 127 - 151.

127. Baltagi B H, Griffin J M. Rational Addiction to Alcohol: Panel Data Analysis of Liquor Consumption [J]. Health Economics, 2002, 11 (6): 485 - 491.

128. Barrett R. Cultural Capital: The New Frontier of Competitive Advantage [J]. Liberating the Corporate Soul, 1998.

129. Baumol W J, Bowen W G. Performing Arts: The Economic Dilemma; A Study of Problems Common to Theater Opera, Music, and Dance [J]. New York: Twentieth Century Fund, 1966.

130. Becker G S, Grossman M, Murphy K M. An Empirical Analysis of Cigarette Addiction [J]. American Economic Review, 1994, 84 (3): 396 –418.

131. Becker G S, Grossman M, Murphy K M. Rational Addiction and the Effect of Price on Consumption [J]. The American Economic Review, 1991, 81 (2): 237 –241.

132. Becker G S, Murphy K M. A Theory of Rational Addiction [J]. The Journal of Political Economy, 1988: 675 –700.

133. Becker G S. Habits, Addictions, and Traditions [J]. Kyklos, 1992, 45 (3): 327 –345.

134. Bihagen E, Katz – Gerro T. Culture Consumption in Sweden: The Stability of Gender Differences [J]. Poetics, 2000, 27 (5): 327 –349.

135. Blanco V Í F Á, Pino J É F B Ñ. Cinema Demand in Spain: A Cointegration Analysis [J]. Journal of Cultural Economics, 1997, 21 (1): 57 –75.

136. Bonato L, Gagliardi F, Gorelli S. The Demand for Live Performing Arts in Italy [J]. Journal of Cultural Economics, 1990, 14 (2): 41 –52.

137. Brida J G, Scuderi R. Determinants of Tourist Expenditure: a Review of Microeconometric Models [J]. Tourism Management Perspectives, 2013, 6: 28 –40.

138. Bridge G. Perspectives on Cultural Capital and the Neighbourhood [J]. Urban Studies, 2006, 43 (4): 719 –730.

139. Brito P, Barros C. Learning – by – Consuming and the Dynamics of the Demand and Prices of Cultural Goods [J]. Journal of Cultural

Economics, 2005, 29 (2): 83 – 106.

140. Cameron S. Determinants of the Demand for Live Entertainments: Some Survey-based Evidence [J]. Economic Issues, 2006, 11 (2): 51 – 64.

141. Cameron S. The Demand for Cinema in the United Kingdom [J]. Journal of Cultural Economics, 1990, 14 (1): 35 – 47.

142. Campaniello N, Richiardi M. Beggar – thy – neighbor in Art Consumption: Evidence from the "Bel Paese" [J]. LABORatorio R. Revelli, Working Papers Series, 2011.

143. Castiglione C, Infante D. Rational Addiction and Theatre Attendance. A panel Approach Using Italian Data [J]. The Empirical Economics Letters, 2013, 12 (10): 1155 – 1161.

144. Chaloupka, F. J. Rational Addictive Behavior and Cigarette Smoking [J]. Journal of Political Economy, 1991, 99 (4): 722 – 742.

145. Chan T W, Goldthorpe J H. Social Stratification and Cultural Consumption: Music in England [J]. European Sociological Review, 2007, 23 (1): 1 – 19.

146. Cheng S W. Cultural Goods Creation, Cultural Capital Formation, Provision of Cultural Services and Cultural Atmosphere Accumulation [J]. Journal of Cultural Economics, 2006, 30 (4): 263 – 286.

147. Christianen M. Cycles in Symbol Production? A New Model to Explain Concentration, Diversity and Innovation in the Music Industry [J]. Popular Music, 1995, 14 (1): 55 – 93.

148. Christin A. Gender and Highbrow Cultural Participation in the United States [J]. Poetics, 2012, 40 (5): 423 – 443.

149. Corning J, Levy A. Demand for Live Theater with Market Segmentation and Seasonality [J]. Journal of Cultural Economics, 2002, 26 (3): 217 – 235.

150. David Throsby. Cultural Capital [J]. Journal of Cultural Eco-

nomics, 1999 (23): 3 – 12.

151. Davis P. Empirical Models of Demand for Differentiated Products [J]. European Economic Review, 2000, 44 (4): 993 – 1005.

152. De Roos N. , Mckenzie J. Cheap Tuesdays and the Demand for Cinema [J]. International Journal of Industrial Organization, 2014 (33): 93 – 109.

153. Desai K K, Basuroy S. Interactive Influence of Genre Familiarity, Star Power, and Critics' Reviews in the Cultural Goods Industry: The Case of Motion Pictures [J]. Psychology & Marketing, 2005, 22 (3): 203 – 223.

154. Dewenter R, Westermann M. Cinema Demand in Germany [J]. Journal of Cultural Economics, 2005, 29 (3): 213 – 231.

155. Diniz S C, Machado A F. Analysis of the Consumption of Artistic-cultural Goods and Services in Brazil [J]. Journal of Cultural Economics, 2011, 35 (1): 1 – 18.

156. Dockner E J, Feichtinger G. Cyclical Consumption Patterns and Rational Addiction [J]. The American Economic Review, 1993, 83 (1): 256 – 263.

157. Favaro D, Frateschi C. A Discrete Choice Model of Consumption of Cultural Goods: the Case of Music [J]. Journal of Cultural Economics, 2007, 31 (3): 205 – 234.

158. Castro M F. Cultural Education and the Voluntary Provision of Cultural Goods: An Experimental Study [C]. EconWPA, 2004.

159. Flores J I A, Fernández – Blanco V, Sanzo – Pérez M J. Movie reviews: Who Are the Readers? [R]. the Association for Cultural Economics International, 2012.

160. Grisolía J M, Willis K G. A Latent Class Model of Theatre Demand [J]. Journal of Cultural Economics, 2012, 36 (2): 113 – 139.

161. Grossman M, Chaloupka F J. The Demand for Cocaine by

Young Adults: a Rational Addiction Approach [J]. Journal of Health Economics, 1998, 17 (4): 427 - 474.

162. Gruber J, Köszegi B. Is Addiction "Rational"? Theory and Evidence [J]. The Quarterly Journal of Economics, 2001, 116 (4): 1261 - 1303.

163. Healy K. Survey Article: Digital Technology and Cultural Goods [J]. The Journal of Political Philosophy, 2002, 10 (4): 478 - 500.

164. Hjorth - Andersen C. A Model of the Danish Book Market [J]. Journal of Cultural Economics, 2000, 24 (1): 27 - 43.

165. Holt D B. Does Cultural Capital Structure American Consumption? [J]. Journal of Consumer Research, 1998, 25 (1): 1 - 25.

166. Houthakker H., Taylor L. Consumer Demand in the United States: Analyses and Projections [J]. Economica, 1970, 34 (34): 234.

167. Howkins J. The Creative Economy: How People Make Money from Ideas [M]. Penguin UK, 2002.

168. Ignacio J. The Effects of Critics Reviews on Movie Demand [J]. Contaduría y Administración, 2012, 57 (2): 201 - 222.

169. Kato - Nitta N. The Influence of Cultural Capital on Consumption of Scientific Culture: A Survey of Visitors to an Open House Event at a Public Scientific Research Institution [J]. Public Understanding of Science, 2013, 22 (3): 321 - 334.

170. Katsuura M. Lead-lag Relationship Between Household Cultural Expenditures and Business Cycles [J]. Journal of Cultural Economics, 2012, 36 (1): 49 - 65.

171. Katz - Gerro T, Raz S, Yaish M. How Do Class, Status, Ethnicity, and Religiosity Shape Cultural Omnivorousness in Israel? [J]. Journal of Cultural Economics, 2009, 33 (1): 1 - 17.

172. Klamer A. Social, Cultural and Economic Values of Cultural

Goods [C]//Conference of the Association for Cultural Economics International, Rotterdam, 2002: 13 – 15.

173. Laamanen J P. Estimating Demand for Opera Using Sales System Data: the Case of Finnish National Opera [J]. Journal of Cultural Economics, 2012: 1 – 16.

174. Lareau A, Weininger E B. Cultural Capital in Educational Research: A Critical Assessment [J]. Theory and Society, 2003, 32 (5 – 6): 567 – 606.

175. Leslie P. Price Discrimination in Broadway Theater [J]. the RAND Journal of Economics, 2004, 35 (3): 520 – 541.

176. Lévy – Garboua L, Montmarquette C. A Microeconometric Study of Theatre Demand [J]. Journal of Cultural Economics, 1996, 20 (1): 25 – 50.

177. Lise W, Tol R S J. Impact of Climate on Tourist Demand [J]. Climatic Change, 2002, 55 (4): 429 – 449.

178. Lizardo O. The Puzzle of Women's "Highbrow" Culture Consumption: Integrating Gender and Work into Bourdieu's Class Theory of Taste [J]. Poetics, 2006, 34 (1): 1 – 23.

179. Marvasti A. International Trade in Cultural Goods: A Cross – sectional Analysis [J]. Journal of Cultural Economics, 1994, 18 (2): 135 – 148.

180. Mas – Colell A. Should Cultural Goods Be Treated Differently? [J]. Journal of Cultural Economics, 1999, 23 (1 – 2): 87 – 93.

181. Masters T, Russell R, Brooks R. The Demand for Creative Arts in Regional Victoria, Australia [J]. Applied Economics, 2011, 43 (5): 619 – 629.

182. McCracken G. Culture and Consumption: A Theoretical Account of the Structure and Movement of the Cultural Meaning of Consumer Goods [J]. Journal of Consumer Research, 1986: 71 – 84.

183. Montoro – Pons J D, Cuadrado – García M. Live and Prerecorded Popular Music Consumption [J]. Journal of Cultural Economics, 2011, 35 (1): 19 –48.

184. Nguyen G D, Dejean S, Moreau F. On the Complementarity Between Online and Offline Music Consumption: the Case of Free Streaming [J]. Journal of Cultural Economics, 2013: 1 –16.

185. Olekalns N, Bardsley P. Rational Addiction to Caffeine: An Analysis of Coffee Consumption [J]. The Journal of Political Economy, 1996, 104 (5): 1100 –1104.

186. Palma M L, Palma L, Aguado L F. Determinants of Cultural and Popular Celebration Attendance: the Case Study of Seville Spring Fiestas [J]. Journal of Cultural Economics, 2013, 37 (1): 87 –107.

187. Paul DiMaggio, Toqir Mukhtar. Arts Participation as Cultural Capital in the United States, 1982 –2002: Signs of Decline? [J]. Poetics, 2004, 32 (2): 169 –194.

188. Pethig R, Cheng S W. Cultural Goods Consumption and Cultural Capital [J]. Culture, 2000 (10): 1 –22.

189. Pierani P, Tiezzi S. Addiction and Interaction Between Alcohol and Tobacco Consumption [J]. Empirical Economics, 2009, 37 (1): 1 –23.

190. Prieto – Rodríguez J, Fernández – Blanco V. Are Popular and Classical Music Listeners the Same People? [J]. Journal of Cultural Economics, 2000, 24 (2): 147 –164.

191. Prieur A, Savage M. Updating Cultural Capital Theory: A Discussion Based on Studies in Denmark and in Britain [J]. Poetics, 2011, 39 (6): 566 –580.

192. Quintero L F A, Martos L P. Determinants of Performing Arts Participation in Colombia [J]. 17th International Conference in Cultural Economics by the ACEI Kyoto (Japan), 21 –24 June 2012.

193. Richards G. Production and Consumption of European Cultural Tourism [J]. Annals of Tourism Research, 1996, 23 (2): 261 –283.

194. Rössel J. Cultural Capital and the Variety of Modes of Cultural Consumption in the Opera Audience [J]. The Sociological Quarterly, 2011, 52 (1): 83 – 103.

195. Seaman B. Interdisciplinary Contributions to Cultural Economics: The Case of Performing Arts Audiences and Demand Analysis [C]. Paper for the presentation at the 14 th International Conference on Cultural Economics Vienna Austria, 2006.

196. Skog O J, Melberg H O. Becker's Rational Addiction Theory: An Empirical Test with Price Elasticities for Distilled Spirits in Denmark 1911 – 31 [J]. Addiction, 2006, 101 (10): 1444 – 1450.

197. Throsby D. The Production and Consumption of the Arts: a View of Cultural Economics [J]. Journal of Economic Literature, 1994, 32 (1): 1 – 29.

198. Throsby D. On the Sustainability of Cultural Capital [R]. Sydney: Macquarie University, Department of Economics, 2005.

199. Throsby D. Determining the Value of Cultural Goods: How Much (or How Little) Does Contingent Valuation Tell Us? [J]. Journal of Cultural Economics, 2003, 27 (3 – 4): 275 – 285.

200. Tramonte L, Willms J D. Cultural Capital and Its Effects on Education Outcomes [J]. Economics of Education Review, 2010, 29 (2): 200 – 213.

201. Van Eijck K, Van Oosterhout R. Combining Material and Cultural Consumption: Fading Boundaries or Increasing Antagonism? [J]. Poetics, 2005, 33 (5): 283 – 298.

202. Verdaasdonk D. Moviegoing Frequency Among Dutch Consumers: Interaction Between Audiences and Market Factors [J]. International Journal of Arts Management, 2005: 55 – 65.

203. Wen W J, Cheng T C. Performing Arts Attendance in Taiwan: Who and How Often? [J]. Journal of Cultural Economics, 2013: 1 – 17.

204. Withers G A. Unbalanced Growth and the Demand for Performing Arts: An Econometric Analysis [J]. Southern Economic Journal, 1980: 735 – 742.

205. Wohlgenant M K. The Multivariate Rational Addiction Model [J]. Theoretical Economics, 2012, 2.

206. Wright D. Mediating Production and Consumption: Cultural Capital and "Cultural Workers" [J]. The British Journal of Sociology, 2005, 56 (1): 105 – 121.

207. Yamamura E. The Effect of Young Children on Their Parents' Anime Viewing Habits: Evidence from Japanese Micro Data [J]. MPRA Paper, 2013, 38 (4): 331 – 349.

208. Zhang H, Zhang J, Kuwano M. An Integrated Model of Tourists' Time Use and Expenditure Behaviour with Self-selection Based on a Fully Nested Archimedean Copula Function [J]. Tourism Management, 2012, 33 (6): 1562 – 1573.

209. Zieba M. Full-income and Price Elasticities of Demand for German Public Theatre [J]. Journal of Cultural Economics, 2009, 33 (2): 85 – 108.

后　　记

　　本书是在笔者博士论文的基础之上修改完成的。付梓之际，有太多的人需要感谢。

　　首先要感谢我的导师顾江教授。感谢顾老师将我引入文化产业研究的大门，经过三年探索研究，我最终选择文化消费作为博士论文的研究方向。从论文选题、框架构建、观点提炼到论文修改，顾老师始终尽心、精心、细心地指导，我的论文能够顺利完成，顾老师功不可没。顾老师博学而睿智，他的指点给我带来很多启发；他不惧挑战、敢为人先的创新精神也一直鼓舞我，这种影响将使我受益一生。

　　南京大学国家文化产业研究中心提供了一个很好的平台，让我有机会开阔视野、增广见闻；让我有机会不断挑战和发现自我。与中心各位研究者有益的探讨和交流，迸发出了很多新的想法，受益良多，在此一并感谢。

　　其次，本书的出版要感谢安徽财经大学专著出版基金的资助，感谢国家社科基金艺术学项目：资本视阈下我国文化消费区域非均衡问题研究（批准号：16CH172）安徽财经大学配套项目资金支持，感谢经济科学出版社刘怡斐编审细致、耐心的工作。

　　此外，还要感谢安徽财经大学经济学院各位领导同事的关心和帮助。感谢家人的全力支持，你们是我最坚强的后盾。

　　在博士论文的基础之上，本书对相关研究成果进行了重新梳理，对部分数据和实证检验过程进行了更新，同时也将部分相关后续研究成果加入其中成为全书的一部分。因为时间和能力的限制，书中难免存在错漏之处，期待批评交流。

高莉莉

2019 年 8 月 20 日

于安庆　栀子花岛